Arbeitsbuch
Gesundheits- und Pflegeassistenz

von
Simone Manthey-Lenert

unter Mitarbeit von
Bernd Sens-Dobritzsch

Für dieses Werk wurden Inhalte übernommen und überarbeitet aus:
Arbeitsbuch Altenpflege
(Heidi Fahlbusch)

Inhaltsverzeichnis

Hinweis: Selbstverständlich sprechen wir in diesem Werk Personen jeglichen Geschlechts an.

= Theorie-Praxis-Transferaufgabe

1 Ethik

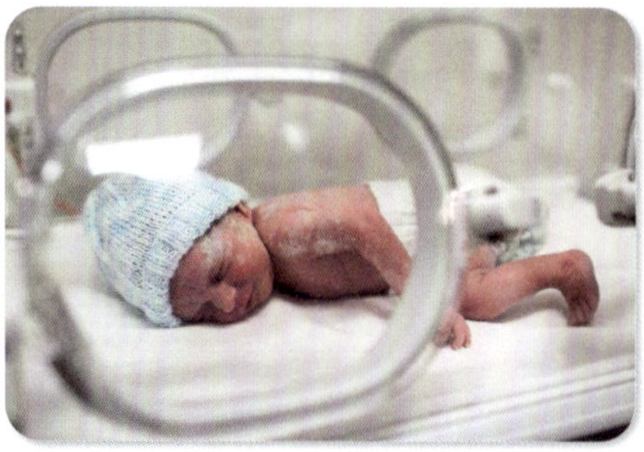

1 Beschreiben Sie Ihre Gefühle, die Ihnen beim Betrachten der Abbildung entstehen und erklären Sie ein ethisches Problem bei der Frühgeburt.

2 Erklären Sie, was unter einem ethischen Dilemma zu verstehen ist und beschreiben Sie ein Beispiel aus einem praktischen Einsatz.

Beispiel:

3 Nennen Sie Maßnahmen, um ein ethisches Dilemma (Problem) zu lösen.

4 Tragen Sie die vier Stufen zur Ermittlung des Patientenwillens in die Abbildung ein.

wenn nicht gegeben

wenn nicht vorhanden

wenn nicht möglich

5 Besprechen Sie mit einem Arzt eine Patientenverfügung und lassen Sie sich erklären, wie der Inhalt der Patientenverfügung vom Arzt berücksichtigt wird.

6 Stellen Sie den in der Tabelle aufgeführten Begriffen zur Sterbehilfe die Begriffe aus den Empfehlungen des Nationalen Ethikrates gegenüber. Diskutieren Sie in der Gruppe, welche Begriffe besser geeignet sind, um die Begleitung im Sterbeprozess patientenorientiert darzustellen.

a)

Sterbehilfe	
Passive Sterbehilfe	
Assistierter Suizid	
Aktive Sterbehilfe	

Kontext: Der Nationale Ethikrat hat eine Stellungnahme veröffentlicht, in welcher die alternativen Begriffe zur Sterbehilfe erläutert und begründet werden. Im Folgenden werden die in der Tabelle aufgeführten Begriffe durch Textauszüge verdeutlicht. Die vollständige Darstellung ist in der entsprechenden Publikation nachzulesen.

Sterbebegleitung
„Mit dem Begriff der Sterbebegleitung sollen Maßnahmen zur Pflege und Betreuung von Todkranken und Sterbenden bezeichnet werden. Dazu gehören körperliche Pflege, das Löschen von Hunger- und Durstgefühlen, das Mindern von Übelkeit und Angst, Atemnot, aber auch menschliche Zuwendung und …" S. 53

Sterbenlassen
„Von Sterbenlassen … wird … gesprochen, wenn eine lebensverlängernde medizinische Behandlung unterlassen wird und dadurch der … Tod früher eintritt, als dies mit der Behandlung aller Voraussicht nach der Fall wäre …" S. 54

Beihilfe zur Selbsttötung
„Verschaffen Ärzte oder andere Personen jemandem ein todbringendes Mittel oder unterstützen sie ihn auf andere Weise bei der Vorbereitung oder Durchführung einer eigenverantwortlichen Selbsttötung, liegt Beihilfe zur Selbsttötung vor." S. 55

Tötung auf Verlangen
„Wenn man jemandem auf dessen ernsthaften Wunsch hin eine tödliche Spritze gibt oder ihm eine Überdosis an Medikamenten verabreicht …, um seinen Tod herbeizuführen, der krankheitsbedingt noch nicht eintreten würde, handelt es sich um Tötung auf Verlangen. … führt hier nicht der Betroffene selbst, sondern ein anderer die tödliche Handlung aus." S. 55
Tötung auf Verlangen (aktive Sterbehilfe) ist in Deutschland ohne Einschränkung verboten.

Quelle: Nationaler Ethikrat (2006): Selbstbestimmung und Fürsorge am Lebensende. Stellungnahme. https://www.ethikrat.org/fileadmin/Publikationen/Stellungnahmen/Archiv/Stellungnahme_Selbstbestimmung_und_Fuersorge_am_Lebensende.pdf.

7 Erklären Sie den Begriff der „moralischen Kompetenz“.

8 Im Suchworträtsel finden Sie **zehn** Begriffe, welche bei der Entwicklung der moralischen Kompetenz eine Rolle spielen.

G	R	I	O	U	Ö	C	F	E	L	M	N	U	I	W	Q	A	S
X	E	T	O	N	I	E	F	D	W	Ü	R	D	E	C	X	Y	G
T	T	Z	J	U	W	E	R	T	E	N	M	G	V	C	B	P	O
K	H	J	U	I	Z	H	T	V	R	X	A	W	Q	R	S	Ä	G
U	I	L	K	I	O	T	L	M	T	Y	A	T	R	W	E	G	R
J	K	Z	T	D	A	S	B	I	V	O	P	L	H	U	L	B	F
E	W	A	E	T	H	I	K	K	O	D	E	X	U	M	B	O	P
D	F	T	Ö	Z	J	I	P	O	R	A	Q	X	Y	V	S	F	G
Z	N	X	L	B	I	Z	Ü	F	S	F	A	W	N	S	T	Y	V
C	Ü	B	E	R	U	F	S	E	T	H	O	S	L	K	B	K	I
O	N	M	N	H	G	T	F	V	E	H	U	J	R	S	E	L	P
M	O	C	D	S	E	W	R	Z	L	B	J	Z	U	N	S	M	F
S	R	W	X	K	O	P	M	G	L	A	W	Q	V	C	T	Z	J
I	M	O	R	A	L	J	U	I	U	P	M	Ä	G	F	I	E	T
U	E	N	J	U	O	L	P	D	N	R	B	V	C	S	M	E	R
T	N	G	Z	I	K	L	M	N	G	H	F	A	S	E	M	B	K
A	P	O	U	N	G	W	O	N	E	U	C	G	T	L	U	Z	A
R	T	M	E	N	S	C	H	E	N	B	I	L	D	O	N	M	J
G	C	R	Ö	U	S	A	D	R	Z	O	P	M	F	G	G	O	T

9 Beschreiben Sie zwei Menschenbilder.

10 Der ICN-Ethikkodex für Pflegefachpersonen umfasst vier Hauptelemente, die eine Grundlage für ethisch/moralisches Verhalten bilden: „Pflegefachpersonen und Patientinnen sowie andere Menschen mit Pflegebedarf", „Pflegefachpersonen und Praxis", „Pflegefachpersonen und ihre Profession" sowie „Pflegefachpersonen und globale Gesundheit".

Tragen Sie in die Tabelle zu jedem Element eine konkrete Maßnahme ein, welche eine Pflegefachperson durchführen könnte.

Hauptelemente des ICN	Maßnahme der Pflegefachperson
Pflegefachpersonen und Patientinnen sowie andere Menschen mit Pflegebedarf	
Pflegefachpersonen und Praxis	
Pflegefachpersonen und ihre Profession	
Pflegefachpersonen und globale Gesundheit	

Quelle: www.dbfk.de/media/docs/download/Allgemein/ICN_Code-of-Ethics_DE_WEB.pdf

2 Professionell pflegen

2.1 Modelle, Konzepte und Theorien der Pflege

1 Ordnen Sie den Pflegetheorien die entsprechenden Aussagen zu, indem Sie Verbindungslinien ziehen.

Ergebnistheorie		Pflege ist ein Dialog zwischen Patienten und Pflegeperson.
Interaktionstheorie		Patienten bei der Befriedigung ihrer Grundbedürfnisse zu unterstützen, ist Aufgabe der Pflegenden.
Humanistische Theorie		Der Patient und die Pflege treten miteinander in Beziehung und beeinflussen sich gegenseitig. Hier steht die Frage im Vordergrund, wie Pflege verrichtet werden kann.
Bedürfnistheorie		Hier ist das Ergebnis das Ziel der Pflege. Der Mensch ist gesund, wenn er sich in einem harmonischen Gleichgewicht befindet. Ist der Mensch krank, ist das Gleichgewicht gestört. Ziel der Pflege ist es, Patienten zu helfen, wieder ins Gleichgewicht zu kommen.

2 Unten sind die wichtigsten und bekanntesten Pflegewissenschaftlerinnen genannt, die durch ihre Modelle und Theorien die heutige Pflege maßgeblich geprägt haben. Bitte sortieren Sie die entsprechenden Modelle den Pflegewissenschaftlerinnen durch Zuordnung der entsprechenden Zahlen zu.

1. Dorothea Orem   2. Virginia Henderson   3. Nancy Roper   4. Monika Krohwinkel

	„Modell des Lebens“ mit 12 Lebensaktivitäten
	„Selbstfürsorge-Defizit-Modell“
	„Bedürfnismodell“ mit 15 Grundbedürfnissen
	„Aktivitäten, Beziehungen und existenzielle Erfahrungen des Lebens“ – „Prozesspflegemodell“ mit 13 ABEDL®s

3 Sortieren Sie den unten stehenden Aussagen die entsprechenden Pflegewissenschaftlerinnen und ihr Pflegemodell (s. Aufgabe 2) zu.

	Die Lebensaktivitäten eines Menschen liegen innerhalb einer Spanne völliger Unabhängigkeit bis zu völliger Abhängigkeit.
	Pflege übernimmt nur Aufgaben der Selbstpflege, zu denen der Pflegebedürftige nicht mehr in der Lage ist.
	Basis des Modells sind die Lebensaktivitäten.
	Fördernde Prozesspflege hat zum Ziel, sowohl die pflegebedürftige Person als auch ihre Bezugspersonen zu begleiten, zu unterstützen und zu fördern.
	Das größte Ziel der Pflege ist es, die Selbstfürsorgekompetenz eines Menschen wiederherzustellen.
	Pflege verstand sie als Hilfe zur Selbsthilfe.

2.2 Arbeiten im Team

1 Was ist ein Team oder bestimmt Teamarbeit? Nennen Sie fünf Merkmale.

2 Recherchieren Sie zu den unten genannten Pflegesystemen und notieren Sie wichtige Merkmale.

Funktionspflege:

Bezugspflege:

Primary Nursing:

2.3 Konflikte im beruflichen Alltag

1 Bearbeiten Sie nachstehende Aufgaben und tauschen Sie sich mit Ihrer Sitznachbarin aus.

Interpersoneller Konflikt

a) Nennen Sie Beispiele für einen interpersonellen Konflikt aus Ihrem Alltag oder aus der Praxis.

Intrapersoneller Konflikt

b) Nennen Sie Beispiele für einen intrapersonellen Konflikt aus Ihrem Alltag oder aus der Praxis.

2 Diskutieren Sie mit Ihrer Sitznachbarin „Konfliktlösungsstrategien" und notieren Sie die Ergebnisse. Stellen Sie Ihre Ergebnisse der Klasse vor.

3 a) Lesen Sie die Texte.

Die drei Ebenen und neun Stufen der Konflikteskalation nach Friedrich Glasl

1. Ebene „Win-win"
1. Verhärtung
2. Debatte
3. Taten

2. Ebene „Win-lose"
4. Images und Koalition
5. Gesichtsverlust
6. Drohstrategie

3. Ebene „Lose-lose"
7. Begrenzte Vernichtungsschläge
8. Zersplitterung
9. Gemeinsam in den Abgrund

Drei Ebenen und neun Stufen der Konflikteskalation nach Friedrich Glasl

Die neun Stufen der Konflikteskalation teilt Glasl in drei Ebenen ein. Auf der ersten Ebene ist es noch möglich, dass beide Parteien ohne Schaden oder sogar mit Gewinn aus dem Konflikt aussteigen können (Win-win-Situation). Auf der zweiten Ebene wird einer von beiden der Verlierer sein (Win-lose-Situation) und auf der dritten Ebene gibt es auf beiden Seite nur noch Verluste bis zur gegenseitigen Vernichtung (Lose-lose-Situation).

Umso tiefer sich beide Parteien in der Konfliktspirale befinden und Richtung letzter Ebene gleiten, desto primitiver und unmenschlicher werden die Methoden, mit denen die Personen einen Sieg zu erringen versuchen und doch letztlich verlieren werden.

Die Konflikte der **Ebene 1** sind noch friedlich untereinander zu lösen oder können mithilfe von vertrauten Personen vermittelt werden, z. B. Freunde, Familie oder Arbeitskollegen.

Ab der **Ebene 2** wird Hilfe von außen notwendig, die betroffenen Konfliktparteien können ihren Konflikt nicht mehr selbstständig bzw. ohne professionelle Hilfe lösen. Durch eine professionelle neutrale Moderation im Konfliktlösungsgespräch, Mediation oder psycho-soziologisch therapeutische Prozessbegleitung kann langfristig der Konflikt gelöst und das Verhalten der Konfliktparteien konstruktiv verändert werden.

Wie kann aber ein aufkeimender oder auch bestehender Konflikt vor dem Eintritt in Ebene 2 gelöst oder sogar vermieden werden? Hier gibt es eine Vielzahl an Theorien zur „Konfliktlösung". Glasl, Watzlawick, Rosenberg und Rogers sind als Vertreter unterschiedlicher Konfliktlösungsstrategien zu benennen.

Die folgende Möglichkeit zur Konfliktlösung bezieht sich auf die Theorie von M. B. Rosenberg und ist eine Auswahl aus weiteren:

Gewaltfreie Kommunikation (GFK)

Rosenbergs Theorie der **gewaltfreien Kommunikation (GFK)** versteht sich als praktisches und schnell umsetzbares Handlungskonzept. Es soll Menschen im privaten und beruflichen Kontext ermöglichen, so miteinander zu kommunizieren, dass Vertrauen ineinander und Freude am Leben im Vordergrund stehen oder aufgebaut werden. GFK führt somit sowohl zu einer Verbesserung der Kommunikation als auch zur Konfliktlösung im privaten und beruflichen Alltag. Im Vordergrund steht ein wertschätzender Umgang, Kooperation und Kreativität im Zusammenleben der Menschen. Es geht nicht darum, andere Menschen zu überzeugen oder zu einem bestimmten Handeln zu bewegen. Rosenberg bezeichnet die GFK auch als **„Sprache des Herzens"** oder **„Giraffensprache"** und Konflikte als **„Wolfssprache"**.

Giraffensprache vs. Wolfssprache

Rosenberg

Die vier Schritte der GFK sind:

1. **Beobachtung:** Das Beobachten von Handlungen oder das Unterlassen von Handlungen soll so konkret wie möglich, wertfrei und ohne Interpretation beschrieben werden. Es geht in erster Linie darum, Beobachtung von der Bewertung zu trennen.
2. **Gefühl:** Die Beobachtung kann Gefühle auslösen, welche im Körper wahrnehmbar sind und sich z. B. als Freude, Trauer, Wut, Schmerz ausdrücken.
3. **Bedürfnis:** Hinter jedem Gefühl steht ein Bedürfnis, welches oft durch das beherrschende Gefühl überdeckt wird. Hinter der Wut kann z. B. Hilflosigkeit oder Angst stecken und mit dem Bedürfnis nach „Sicherheit" einhergehen. In der GFK ist es wichtig, das Bedürfnis mitzuteilen.
4. **Bitte:** Um dieses Bedürfnis erfüllen zu können, folgt eine Bitte oder ein Wunsch um eine konkrete Handlung. Bitten beziehen sich auf Handlungen im Jetzt oder auf Ereignisse in der Zukunft, Wünsche dagegen können vager sein („sei bitte respektvoller"). Erstere sind leichter zu erfüllen, haben deshalb auch mehr Chancen auf Erfolg. Es ist wichtig, Wünsche oder Bitten in einer positiven Form zu formulieren, z. B. „ich will oder ich bitte dich um …", statt zu sagen, was man nicht will.

Die Schritte der GFK vollziehen sich in eben dieser Reigenfolge:

„Ich sehe (1) … und fühle (2) …, weil ich das Bedürfnis nach (3) … habe, und bitte dich (4) …

b) Lesen Sie sich die zwei Fallbeispiele der „Wolfssprache" durch und wandeln Sie dieses Gespräch um in „Giraffensprache". Nutzen Sie hierfür die „4 Schritte der GFK" nach Rosenberg. Stellen Sie anschließend die Ergebnisse der Klasse vor.

Fallbeispiel 1:
Sie: „Du kommst schon wieder zu spät zu unserer Verabredung. Ständig lässt Du mich warten. Beim nächsten Mal gehe ich und Du brauchst Dich dann auch nicht mehr bei mir entschuldigen. Die Entschuldigungen kann ich nicht mehr hören."

Beobachtung	Gefühl	Bedürfnis	Bitte

Er: Ständig nervst Du mit Deinem Genörgel. Ich habe eben einen Job, bei dem ich nicht immer pünktlich das Büro verlassen kann. Dass Du da immer so empfindlich bist.

Beobachtung	Gefühl	Bedürfnis	Bitte

Fallbeispiel 2:
Mutter: Du hast schon wieder Dein Frühstücksbrot nicht gegessen. Ich habe bald keine Lust mehr, Dir das Pausenbrot zu machen.

Beobachtung	Gefühl	Bedürfnis	Bitte

Sohn: Ich mag das nicht mehr essen. Ich will mir lieber was am Kiosk kaufen, wie die anderen Jungs aus der Klasse.

Beobachtung	Gefühl	Bedürfnis	Bitte

c) Diskutieren Sie mit einer Mitschülerin oder einem Mitschüler „Konfliktlösungsstrategien" nach dem Modell der GFK und notieren Sie zwei Beispiele in der Tabelle. Stellen Sie Ihre Ergebnisse der Klasse als Rollenspiel vor.

„Giraffensprache" 				„Wolfssprache" 
Beobachtung	**Gefühl**	**Bedürfnis**	**Bitte**	**Konfliktreiche Kommunikation als Negativbeispiel**
Wenn ich sehe, dass seit drei Tagen Deine schmutzige Kleidung auf dem Boden liegt,	bin ich deprimiert.	Da ich ein Bedürfnis nach Sauberkeit und Ordnung habe, um mich wohl und entspannt zu fühlen,	möchte ich Dich bitten, Deine schmutzige Wäsche gleich nach dem Ausziehen in den Wäschekorb zu legen. Sag mir, ob Du dazu bereit bist oder lass uns gemeinsam nach einem Weg suchen, unser Bedürfnis nach Ordnung und Sauberkeit zu erfüllen.	„Ich finde, Du bist schlampig!" „Du hast Deine Wäsche noch immer nicht weggeräumt!" „Wie sieht es denn hier aus?" Warum liegt die Wäsche immer noch auf dem Boden?" etc.

2.4 Berufliches Selbstverständnis

1 Welche Bedeutung hat der Pflegeberuf, den Sie erlernen wollen, für Sie und für andere? Listen Sie positive und negative Aspekte Ihres Berufs auf und stellen Sie diese der Klasse vor. Sie können Ihre Arbeits- und Reflexionsergebnisse sichtbar in der Klasse aufhängen.

Positive Aspekte für mich	Positive Aspekte für andere
Negative Aspekte für mich	**Negative Aspekte für andere**

3 Pflege im Gesundheitswesen

1 Ergänzen Sie die Lücken im Text mithilfe der Wortliste.

Sozialversicherung, wiederherstellen, individuellen, Arbeitnehmer, Umlageverfahren, Pflegepersonen, geringfügig Beschäftigte, Einrichtungen, Versicherungsbeiträge, ambulant, gesetzliche Krankenversicherung, Krankenversicherungspflicht, stationäre Pflege, vorbeugen, Subsidiaritätsprinzip, Gesundheitsämter, Bevölkerung, Leistungen, stationär, Solidaritätsprinzip, Zwangsversicherung, soziale Hilfen

a) Das Gesundheitswesen umfasst alle ____________________, die die Gesundheit der ____________________ erhalten, fördern und ____________________ sowie Krankheiten ____________________. Hierzu gehören u. a. Ärzte, ____________________, Physiotherapeuten, Logopäden, Ergotherapeuten, Krankenhäuser, Fachkliniken, Rehabilitationskliniken, Apotheken, ambulante Pflege, ____________________, Tagespflegeeinrichtungen, Altenpflegeeinrichtungen und ____________________, die z. B. für die Prävention und die Schuleingangsuntersuchungen zuständig sind.

b) Im Gegensatz zur privaten Versicherung ist die ____________________ eine ____________________, in der alle ____________________ Mitglied sind.

Von der ____________________ befreit sind Beamte, ____________________ ____________________, Selbstständige und Besserverdienende.

c) Die Sozialversicherung arbeitet nach dem sogenannten ____________________.
Die ____________________ werden im Bedarfsfall als ____________________ in Form von z. B. Rente oder Krankengeld ausgezahlt.

d) Das ____________________ bedeutet, dass jedes Mitglied den gleichen Anspruch auf Leistungen hat. Alle Mitglieder zahlen in die ____________________ ein und haben den gleichen Anspruch auf Leistungen im Bedarfsfall, z. B. Krankheit, Vorsorge, unabhängig von Herkunft, Verdienst oder Geschlecht.

Im Unterschied dazu werden ____________________ (ALG, Sozialhilfe etc.) nach dem ____________________ gewährt, also wenn z. B. die private Vorsorge nicht ausreicht, werden Leistungen je nach ____________________ Besonderheiten des Einzelfalls gewährt. Bekommt z. B. eine alleinerziehende, vermögenslose Mutter keine Leistungen aus der Arbeitslosenversicherung, weil sie in der Erziehungsphase dem Arbeitsmarkt nicht zur Verfügung steht, steht ihr Sozialhilfe zu.

e) Die gesetzliche Krankenversicherung folgt dem Grundsatz ____________________ vor ____________________.

2 Lesen Sie die Fragen zur Kranken- und Pflegeversicherung genau und kreuzen Sie die richtigen Antworten an. Mehrere Antworten können richtig sein.

a) Welche Personengruppen sind nicht bei der gesetzlichen Krankenversicherung zwangsversichert?

	Rentner
	Angestellte
	Arbeitslose
	Beamte
	Selbstständige
	Arbeitgeber

b) Für die Pflegeversicherung gilt:

	Sie ist für alle Bürger freiwillig.
	Pflichtversicherte können sich nur bei ihrer Krankenkasse versichern.
	Arbeitslose haben auch keine Pflegeversicherung.
	Die Einstufung der Pflegebedürftigkeit erfolgt durch die Hausärztin.

c) Was regelt das Pflegezeitgesetz?

	die Pflege von pflegebedürftigen Angehörigen im privaten Umfeld durch nahe Angehörige
	mehr Zeit für die Pflege in der stationären und klinischen Pflege
	Pflegende Angehörige können bis zu 6 Monate Pflegeunterstützungsgeld erhalten.
	Pflegende Angehörige können bis zu 10 Wochen Pflegeunterstützungsgeld erhalten.
	Eine Teilzeitbeschäftigung für pflegende Angehörige ist nicht möglich.
	Der Arbeitgeber kann dem Arbeitnehmer die Möglichkeit einer Pflegezeit verwehren, wenn der Betrieb weniger als 16 Beschäftigte hat.

d) Was trifft für die teilstationäre Pflege zu?

	zeitweise Betreuung von Pflegebedürftigen in Tages- und Nachtpflegeeinrichtungen
	Die Pflegebedürftige möchte mehr Professionalität in der Pflege.
	wenn die Angehörigen die pflegerische Betreuung verweigern
	Pflegebedürftige mit dem Pflegegrad 2–5 haben Anspruch auf Tages- und Nachtpflege.

e) Wie viele Pflegegrade gibt es?

	1
	2
	3
	4
	5
	6

f) Folgende Leistungen trägt die Rentenversicherung **nicht**:

	Krankengeld
	Erwerbsunfähigkeitsrente
	Rehabilitationsmaßnahmen
	Witwen- und Waisenrente
	Umschulungen
	Altersrente
	Pflegehilfsmittel

g) Was trifft **nicht** für die „Rehabilitation und Teilhabe behinderter Menschen“ nach SGB IX zu?

	die Behinderung möglichst abzuwenden
	eine Verschlimmerung der Erkrankung und Behinderung zu verhüten
	die Teilhabe am Arbeitsleben zu ermöglichen
	die Erwerbstätigkeit möglichst einzuschränken, um Ausgrenzung am Arbeitsplatz zu vermeiden und psychische Schäden zu verhindern
	die persönliche Entwicklung ganzheitlich zu fördern
	eine möglichst selbstständige Lebensführung zu ermöglichen

h) Welche Leistungen trägt die Unfallversicherung?

	Rehabilitationsmaßnahmen nach einem Unfall auf dem Weg zur Arbeit
	Erwerbsunfähigkeitsrente
	Maßnahmen zur Früherkennung von Krankheiten, z. B. Brustkrebs
	Rehabilitation oder Kuren zur Erhaltung der Arbeitsfähigkeit nach einem Herzinfarkt
	arbeitsmedizinische Vorsorgeuntersuchungen
	Altersrente
	Rehabilitation einer 12-Jährigen nach einem Unfall auf dem Weg von der Schule nach Hause
	Umschulung aus Arbeitsmarktgründen
	Maßnahmen der beruflichen Rehabilitation und Wiedereingliederung

3 Ergänzen Sie das Schaubild mit den unten stehenden Textbausteinen.

Wohlfahrtsverbände, Stadt, Land, Kreis, Vereine, private Träger, Kommunen, Gemeinde, Bund, andere Träger, Stiftungen

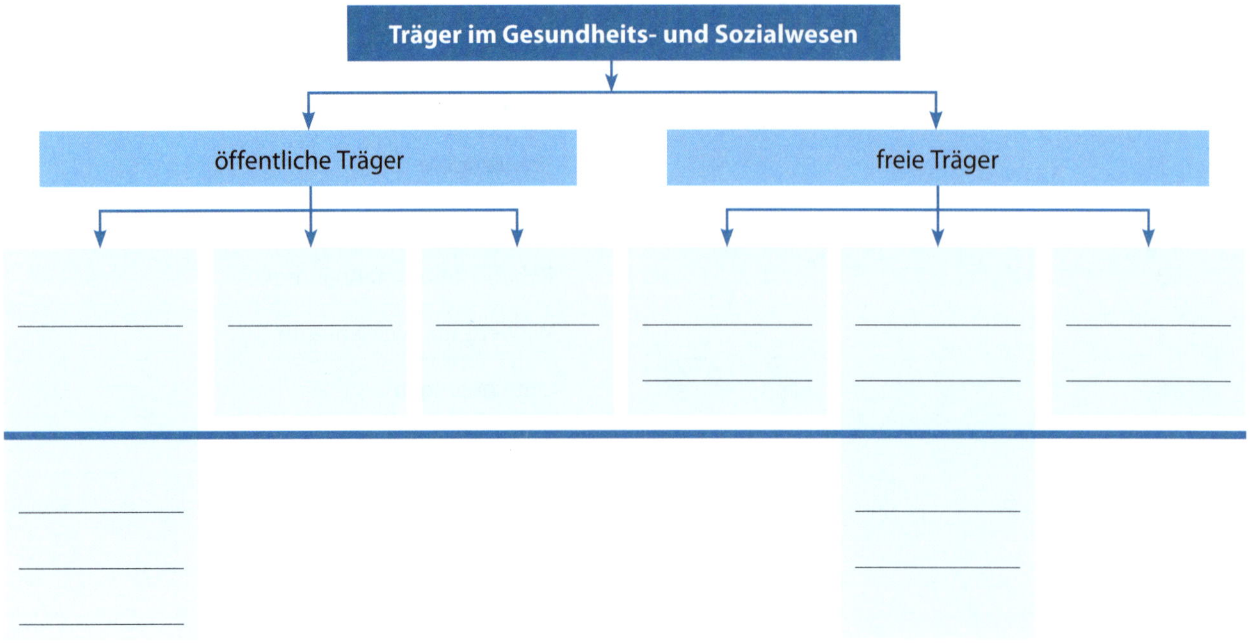

4 Das Neue Begutachtungs-Assessment (NBA) beurteilt anhand von sechs Modulen (zwei weitere Module optional für weitere Pflegeplanungen und Pflegeberatungen), ob Beeinträchtigungen der Selbstständigkeit oder der Fähigkeiten vorhanden sind und damit eine Pflegebedürftigkeit vorliegt. Geben Sie diese Bereiche an und ordnen Sie je ein erläuterndes Beispiel zu.

Modul 1

Modul 6

Modul 2

Modul 5

Modul 3

Modul 4

5 Es gibt bestimmte Voraussetzungen, um ein Anrecht auf das „Arbeitslosengeld I“ zu erlangen. Bitte erläutern Sie in kurzen Stichpunkten die Voraussetzungen.

Meldepflicht	
Erfüllte Anwartschaft	
Beschäftigungs-suche	
Verfügbarkeit	
Erreichbarkeit	
Annahme von zumutbarer Arbeit	

6 Welche Pflichten ergeben sich mindestens aus einem gültigen Arbeitsvertrag für den Arbeitnehmer und den Arbeitgeber? Sortieren Sie diese richtig zu.

Erholungspflicht, Zeugnispflicht, Gleichbehandlungspflicht, pfleglicher Umgang mit Arbeitsmitteln, Urlaubsgewährung, Meldung bei Krankheit, Verschwiegenheitspflicht, Lohn- und Gehaltszahlungen, Leistungserbringung laut Arbeitsvertrag, Mitteilung von Schäden, Beschäftigungspflicht, Treuepflicht, Sozialabgaben , Leistung von Überstunden, Fürsorgepflicht

Pflichten des Arbeitgebers	Pflichten des Arbeitnehmers

4 Kompetenzraster „Hygiene“

Arbeitsauftrag:
Erarbeiten Sie selbstständig mithilfe von Büchern, Texten, Internet, Arbeitsblättern etc. das Thema „Hygiene“.

In jedem Tabellenfeld der Niveaustufen 1–6 finden Sie Aufgaben, die zu Ihrem jeweiligen Kompetenzbereich/Lernziel hinführen. Arbeiten Sie nach und nach die einzelnen Felder ab. Zu manchen Aufgaben finden Sie Arbeitsblätter, bei anderen müssen Sie selbst Material zusammenstellen.

Legen Sie einen **Ordner** an, in dem Sie Ihre Ergebnisse, z. B. Arbeitsblätter, Zeichnungen etc. sammeln. Dies dient der individuellen Überprüfung und Einschätzung Ihrer Leistung. Sie belegen, was Sie bereits können und was Sie noch für verbesserungswürdig halten. Der Ordner dient der Selbstbeobachtung, -bewertung und der Sammlung von Ergebnissen, Arbeitsblättern und eigenständigen Arbeiten. Ihre Lehrkraft gibt Ihnen regelmäßig ein Feedback zu Ihrem Ordner.

Kompetenzraster Hygiene

Niveaustufen/ Teilkompetenzen	Informieren	Planen	Entscheiden	Ausführen	Kontrollieren	Bewerten
Kompetenzbereich	1 Ich kann …	2 Ich kann …	3 Ich kann …	4 Ich kann …	5 Ich kann …	6 Ich kann …
A. Im Praxisalltag hygienisch korrekt handeln	… die rechtlichen Grundlagen der Hygiene schriftlich und mündlich benennen. ❑ AB 1 Unterschrift Mitschüler/-in __________ __________	… einem Mitschüler die Anforderungen an die persönliche Hygiene, Berufs- und Schutzkleidung und deren korrekten Einsatz erläutern. ❑ AB 2 Unterschrift Mitschüler/-in __________ __________	… die hygienische Händedesinfektion zum richtigen Zeitpunkt durchführen und die fünf Indikatoren dieser Maßnahme begründen und erläutern. ❑ AB 3 Unterschrift Mitschüler/-in/LK __________ __________ __________ __________	… die hygienische Händedesinfektion zum richtigen Zeitpunkt korrekt durchführen und sterile Handschuhe korrekt anlegen. ❑ AB 4 Unterschrift Mitschüler/-in/LK __________ __________ __________ __________	… den Erfolg meiner hygienischen Händedesinfektion unter einer Schwarzlichtlampe kontrollieren ❑ AB 4	… die korrekte Händedesinfektion und das Anlegen von sterilen Handschuhen bei einem Mitschüler bewerten. ❑ AB 4

Niveaustufen/ Teilkompetenzen	Informieren	Planen	Entscheiden	Ausführen	Kontrollieren	Bewerten
Kompetenzbereich	**1 Ich kann …**	**2 Ich kann …**	**3 Ich kann …**	**4 Ich kann …**	**5 Ich kann …**	**6 Ich kann …**
B. Maßnahmen zur Eindämmung der Keimbesiedlung in medizinischen und pflegerischen Einrichtungen planen, durchführen und beurteilen	… die Übertragungswege und Eintrittspforten von Keimen benennen. ❑ AB 5 Unterschrift Mitschüler/-in	… die Verfahren zur Keimreduktion und das Ziel der einzelnen Verfahren erläutern. ❑ AB 6 Unterschrift Mitschüler/-in	… Asepsis und Antisepsis unterscheiden und den Maßnahmen der Hygiene zuordnen. ❑ AB 6 Unterschrift Mitschüler/-in	… die Maßnahmen der Basishygiene von denen der Barrierehygiene unterscheiden und Beispiele aus der Praxis zu sortieren und begründen. ❑ AB 6 Unterschrift Mitschüler/-in	… Hygienepläne aus den Pflegeeinrichtungen lesen und diese praktisch umsetzen. Hygieneplan im Ordner abheften	… die Einhaltung der Hygienepläne in den Einrichtungen gemeinsam mit meiner Mentorin/meinem Mentor oder Hygienebeauftragten kontrollieren und die Ergebnisse in meiner Klasse vorstellen. ❑ AB 7 Unterschrift LK
C. Hygienisch korrekt Arbeiten bei der Pflege von Menschen mit MRE	… die Ursachen für die Entstehung und Verbreitung von MRE erklären. ❑ AB 8 Unterschrift LK	… mögliche Folgen bei MRE Besiedlung für Patienten und Personal ableiten. ❑ AB 9 Unterschrift Mitschüler/-in	…die Quellisolation von der Umkehrisolation unterscheiden und die unterschiedlichen Ziele begründen. ❑ AB 10 Unterschrift LK	… Maßnahmen der Hygiene bei MRE benennen und begründen, erforderliche Schutzkleidung anlegen ❑ AB 11 Unterschrift LK		… eine Rückmeldung geben. ❑ AB 11 Unterschrift Mitschüler/-in/LK

Aufgaben zu Arbeitsblatt 1, Thema A1 im Kompetenzraster Hygiene

1 Nennen Sie die Gesetze, Leitlinien und Verordnungen zur Regelung der Hygiene in medizinischen und pflegerischen Einrichtungen.

2 Was bedeuten die Begriffe „Primärprävention“, Sekundärprävention“ und „Tertiärprävention“? Bringen Sie Beispiele.

Primärprävention

Sekundärprävention:

Tertiärprävention:

Aufgaben zu Arbeitsblatt 2, Thema A2 im Kompetenzraster Hygiene

1 Benennen Sie Maßnahmen der persönlichen Hygiene.

2 Welche Anforderungen werden an die Berufskleidung in der Pflege gestellt?
Benennen Sie die Anforderungen für die folgenden Kleidungsstücke.

a) Das Oberteil sollte:

b) Die Hose sollte:

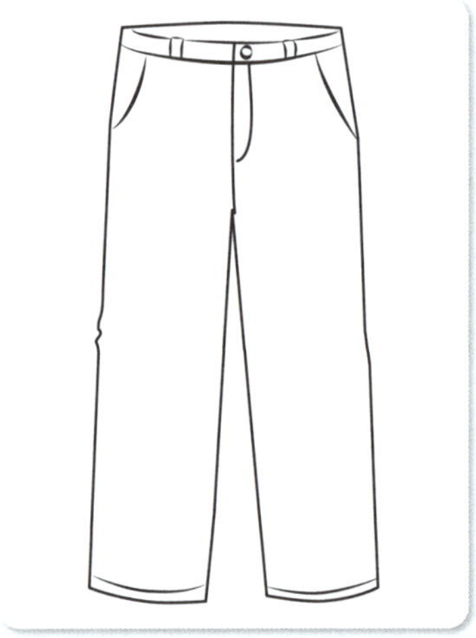

3 Kreisen Sie die Schuhe ein, die für die Arbeit in der Pflege geeignet sind.

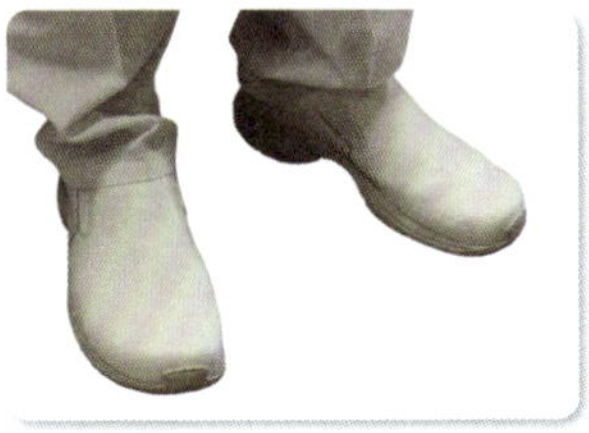

4 Erläutern Sie welche Anforderungen Arbeitsschuhe in der Pflege erfüllen müssen.

5 Benennen Sie, was zur Schutzkleidung gehört.

6 Welche zwei wichtigen Funktionen übt Schutzkleidung aus?

Aufgaben zu Arbeitsblatt 3, Thema A3 im Kompetenzraster Hygiene

1 Beschreiben Sie die einzelnen Schritte zur hygienischen Händedesinfektion.

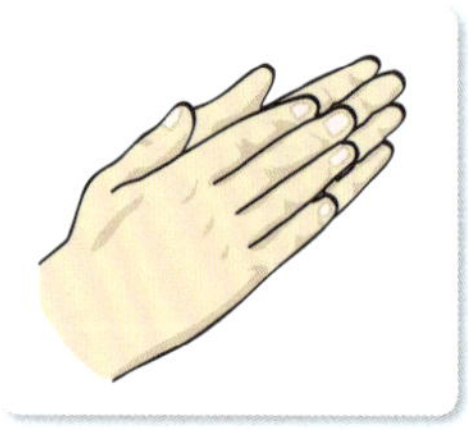

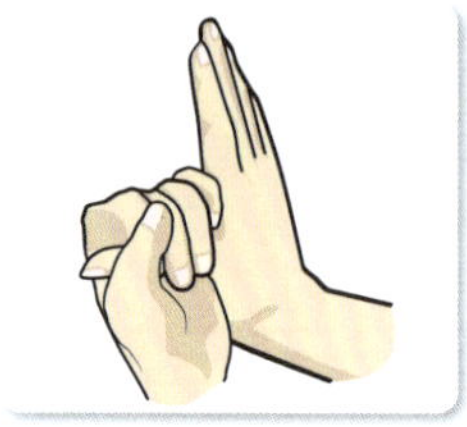

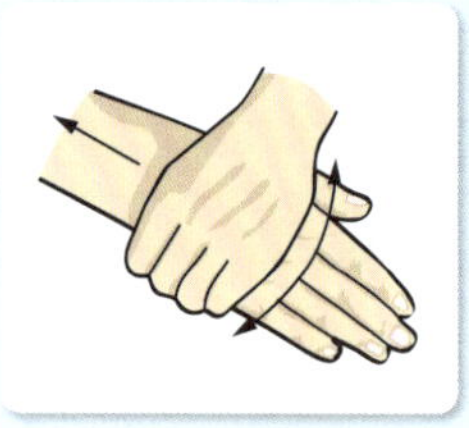

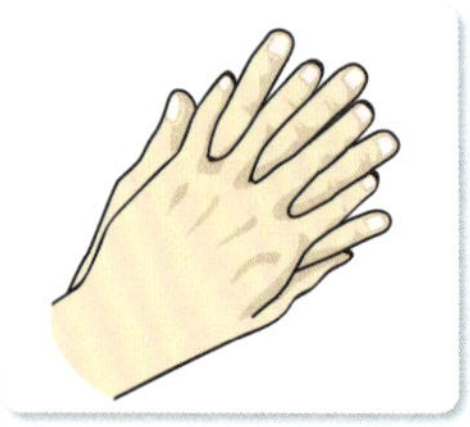

2 Benennen Sie die fünf Indikationen der Händedesinfektion.

1.
2.
3.
4.
5.

Aufgaben zu Arbeitsblatt 4, Thema A4/A5/A6 im Kompetenzraster Hygiene

1 Beschreiben Sie die einzelnen Schritte zum Anziehen von sterilen Handschuhen.

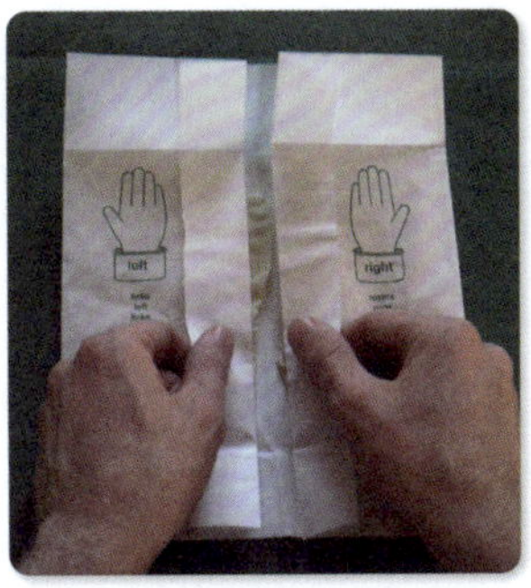

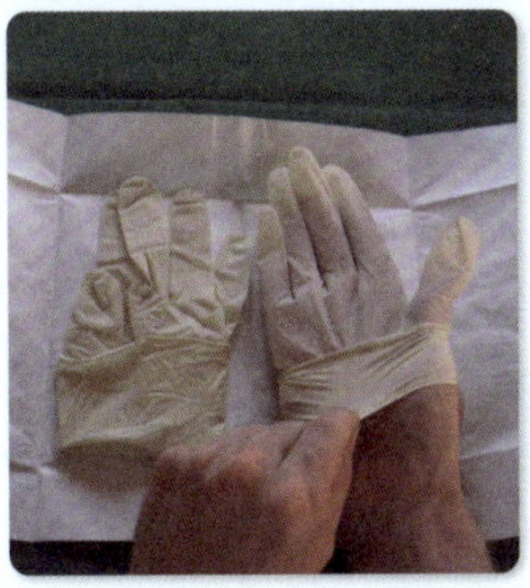

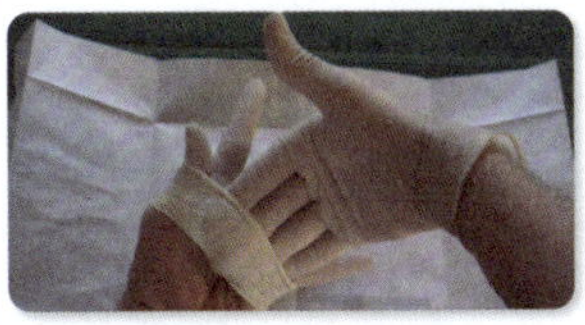

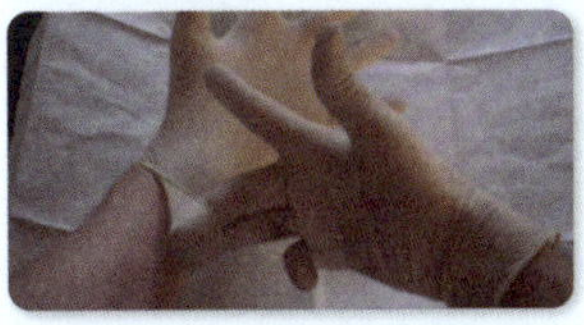

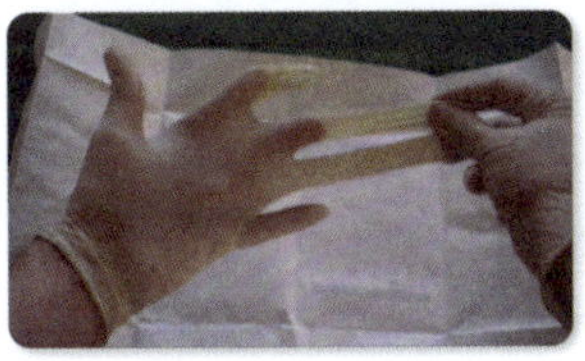

- **Youtube-Filmtipp:** https://www.youtube.com/watch?v=rmtmJpiPrSg&feature=youtu.be

2 Beurteilen Sie die Übung bei einer Mitschülerin oder einem Mitschüler.

	Händedesinfektion	Anziehen steriler Handschuhe
a) Korrekte Technik (siehe Tabelle)		
b) korrekte Einwirkzeit		

Aufgabe zu Arbeitsblatt 5, Thema B1 im Kompetenzraster Hygiene

1 Tragen Sie in der Tabelle die abgebildeten Infektionsquellen, Übertragungswege und Eintrittspforten von Keimen ein.

Infektionsquellen und Übertragungswege

Infektionsquellen:

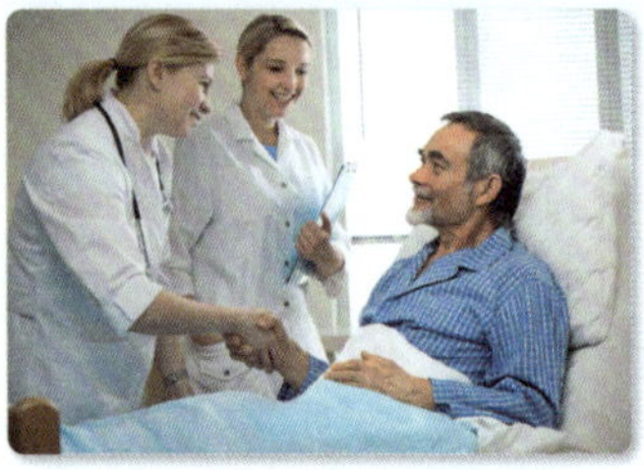

Personal, Besucher, Pflegebedürftige können Keime z. B. über die Hände, Kleidung auf den Menschen oder Gegenstande übertragen, man spricht von einer

______________________.

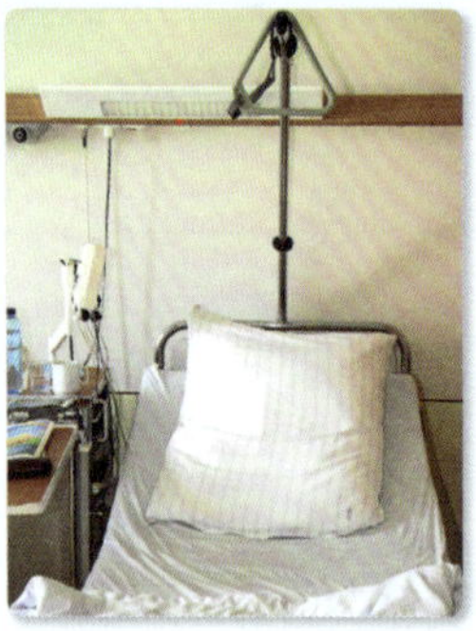

An Gegenständen wie Stethoskop, Blutdruckgerät, Pflege- und Verbandwagen, Toilettenstuhl, Nachtschrank können pathogene Keime anhaften und durch den Gebrauch auf den Pflegebedürftigen oder das Personal übertragen werden.

Man unterscheidet:

____

____

Dazu gehören alle Gegenstände, zu denen der Patient direkten Kontakt hat, z. B. Bett, Pflegeutensilien, Nachttisch

____

____

die nicht im direkten Kontakt stehen, z. B. Bilder, Visitenwagen

Zur Umgebung gehören Raume, Türen, Wände und der Fußboden, der in der Regel stark keimbesiedelt ist.

Übertragungswege:

____

Die Keimübertragung erfolgt z. B. über ein Handtuch oder einen tierischen Zwischenwirt, z. B. Zecken, und die direkte über den direkten Körperkontakt, z. B. durch die Hände

____

Die Übertragung erfolgt über die Luft. So werden erregerhaltige Staube oder Tröpfchen auf den Menschen übertragen, z. B. beim Husten, Niesen: Tröpfcheninfektion

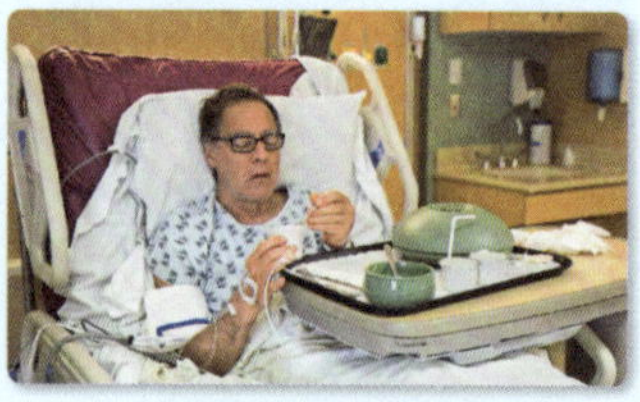

____

Hierbei dringen die pathogenen Erreger in den Körper ein, z. B. über die Nahrung oder durch künstliche Zugänge.

Eintrittspforten:

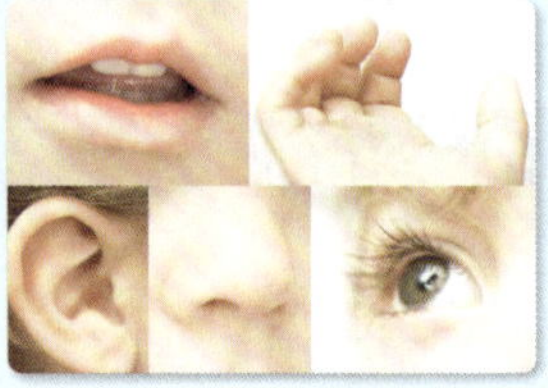

____

Dazu gehören Mund, Nase, Ohren, After, Vagina, Harnröhre, Augen. Werden Darmkeime, z. B. über die Hände, an den Mund übertragen, spricht man vom fäkal-oralen Infektionsweg

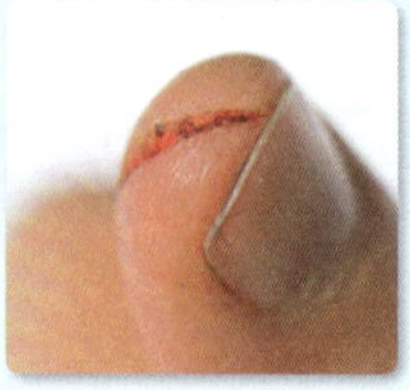

____

Hier können Krankheitserreger z. B. über Verletzungen oder Wunden eintreten

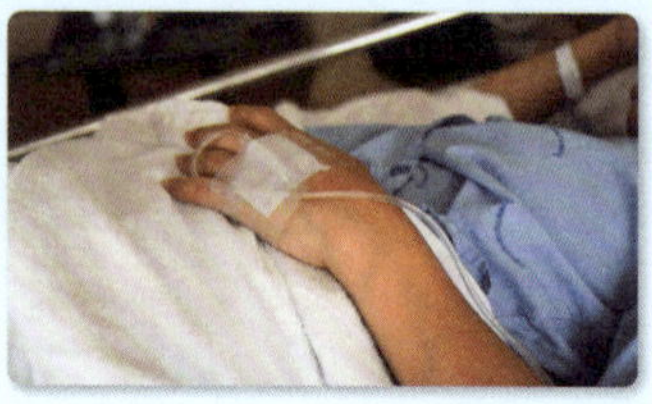

____

Drainagen, Infusionen, Blasenkatheter etc.

2 Unterscheiden Sie nachfolgend die epidemiologischen Begriffe Endemie, Epidemie und Pandemie. Ergänzen Sie die Lücken im Text mit nachstehenden Begriffen sinnvoll.

Pandemie, tardiv, Epidemiologie, Endemie, explorativ, Epidemie

Die ______________________ beschäftigt sich mit den Ursachen, der Verbreitung und den Folgen von Krankheiten. Sie wird auch Wissenschaft der „Volkskrankheiten“ genannt.

Die ____________________ ist eine Erkrankung, die örtlich und räumlich begrenzt, z. B. Sub-Tropen, und zeitlich unbegrenzt auftritt. Beispiele hierfür sind Malaria, Gelbfieber, Cholera oder Typhus.

Eine ____________________ ist ebenfalls örtlich, aber gleichzeitig zeitlich begrenzt. Beispiele hierfür sind Grippe, Typhus, Denguefieber, sexuell übertragbare Krankheiten wie Chlamydiose, humane Papillomaviren (HPV) infolge Gebärmutterhalskrebs, Syphilis, Gonorrhoe, Candidose etc., Pneumonie, Diabetes mellitus Typ II …

Bei einer ____________________ ist die Ausbreitung der Erkrankung zeitlich begrenzt, örtlich jedoch unbegrenzt. Beispiele hierfür sind HIV, COVID-19, spanische Grippe, Pest und Cholera.

Sowohl bei der Epidemie als auch bei der Pandemie kann sich die Erkrankung ____________________ (sprunghaft, schnell) oder _________________ (langsam) ausbreiten.

3 Kreuzen Sie an, ob es sich bei untenstehenden Erkrankungen um eine Endemie, Epidemie oder Pandemie handelt und begründen Sie.

Erkrankung/Verbreitung	Endemie	Epidemie	Pandemie	Begründung
HPV				
Diabetes mellitus				
Malaria				
Pneumonie				
COVID-19				
HIV				
Saisonale Grippewelle				

Aufgaben zu Arbeitsblatt 6, Thema B2/B3/B4 im Kompetenzraster Hygiene

1 Unterscheiden Sie Asepsis und Antisepsis voneinander.

Asepsis: ______________________

Antisepsis: ______________________

2 Beschreiben Sie die Verfahren zur Keimreduktion.

Reinigung:

____

Desinfektion:

____

____

Sterilisation

____

____

Isolation

____

____

____

3 Ordnen Sie den Abbildungen b–d das jeweilige Verfahren zur Keimreduktion zu und begründen Sie dieses.

a)		Keimbesiedelte Fläche, da viele Keime auch Standortflora sichtbar
b)		______________________
c)		______________________
d)	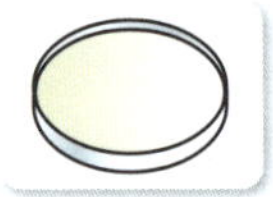	______________________

4 Bitte benennen Sie die Maßnahmen der Basis- und Barrierehygiene.

Maßnahmen der Basishygiene	Maßnahmen der Barrierehygiene

Aufgabe zu Arbeitsblatt 7, Thema B6 im Kompetenzraster Hygiene

1 Überprüfen Sie gemeinsam mit Ihrem Mentor/Ihrer Mentorin oder Hygienebeauftragten die Einhaltung des Hygieneplans Ihrer Einrichtung. Dokumentieren Sie.

1. Datum der Überprüfung:

2. Welchen Bereich möchten Sie genauer analysieren? Z. B. Reinigung und Nutzung des Pflege- oder Verbandwagens, Bettenaufbereitung etc.

3. Ergebnis Ihrer Überprüfung:

a) Folgendes wurde laut Hygieneplan umgesetzt:

b) Das ist mir aufgefallen, z. B. Abweichungen:

c) Folgendes würde ich in dieser Einrichtung, bezogen auf die Hygiene, ändern (mit Begründung):

d) Darüber habe ich mich mit meiner Mentorin, meinem Mentor oder Hygienefachperson ausgetauscht:

Aufgabe zu Arbeitsblatt 8, Thema C1 im Kompetenzraster Hygiene

1 Benennen Sie die Ursachen für die Entstehung und Verbreitung von MRE.

Ursachen

Aufgabe zu Arbeitsblatt 9, Thema C2 im Kompetenzraster Hygiene

1 Erläutern Sie einem Mitschüler oder einer Mitschülerin die Folgen der MRE-Besiedlung für zu Pflegende und Personal. Machen Sie sich vorher schriftliche Notizen, präsentieren Sie frei und flüssig. Beantworten Sie mögliche Fragen .

Aufgabe zu Arbeitsblatt 10, Thema C3 im Kompetenzraster Hygiene

1 Unterscheiden Sie die beiden Isolationsformen in Ziele und Maßnahmen.

	Ziele	Maßnahmen
Quellisolation		
Umkehrisolation		

Aufgaben zu Arbeitsblatt 11, Thema C4/C6 im Kompetenzraster Hygiene

1 Gestalten Sie eine schriftliche, mündliche und visuelle Präsentation in Form eines Kurzvortrags zum obigen Thema. Präsentieren Sie das Anlegen der entsprechenden Schutzkleidung korrekt (falls vorhanden).

- **Youtube-Filmtipps:**
  https://youtu.be/68Mge_aTWn4
  https://www.youtube.com/watch?v=V75et4tEDB0&feature=youtu.be

2 Reflektieren Sie im Anschluss die Gruppenarbeit mithilfe des vorgegebenen Rasters. Bitte geben Sie jedem Gruppenmitglied ein Feedback.

Reflexion von Gruppenarbeiten

stimmt ⟷ stimmt nicht

3 2 1 0

Arbeitsform: ______ Thema: ______	Selbst-ein-schät-zung	Name/ Funktion ______ ______	Name/ Funktion ______ ______	Name/ Funktion ______ ______	Name/ Funktion ______ ______
Arbeitet aktiv mit					
Bemüht sich andere zur Mitarbeit zu motivieren					
Bringt mit Vorschlägen und Ideen die Gruppe voran					
Ist kompromissbereit und kann mit Kritik umgehen					
Nimmt die Meinungen anderer ernst					
Kann gut organisieren					
Trägt entscheidende Dinge zur Fertigstellung bei					
Trägt zum positiven Gruppenklima bei					
Ist hilfsbereit					
Hält sich an Absprachen					
Hält vereinbarte Zeiten ein					
Erfüllt die übertragene Rolle / Aufgabe					
Summe:					

Teamfähigkeit und Sozialkompetenz hoch ⟷ Teamfähigkeit und Sozialkompetenz niedrig

36 24 18 0

5 Pflege als Interaktion

5.1 Grundlagen der Gesprächsführung

1 Formulieren Sie sowohl für den Sender (4 Seiten einer Nachricht) als auch für den Empfänger (4 Seiten des Empfangs oder 4-Ohren-Modell) mögliche Inhalte, die die Nachricht „Das Fenster ist offen." enthält.

a) **Die 4 Seiten einer Nachricht:**

Selbstoffenbarung:

____

____

Sachinhalt:

____

____

„Das Fenster ist offen.

Beziehung:

____

____

Appell:

____

____

b) **Die 4 Seiten des Empfangs einer Nachricht:**

Selbstoffenbarung:

____

____

____

Sachinhalt:

____

____

____

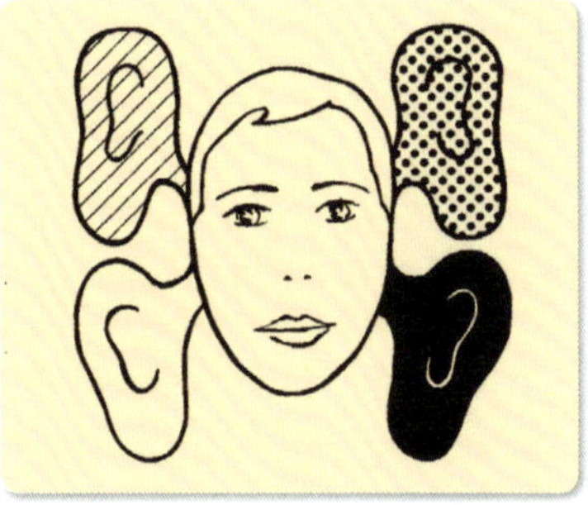

Beziehung:

____

____

____

Appell:

____

____

____

5.2 Biografiearbeit

1 Nennen Sie Methoden der Informationssammlung zu biografischen Daten.

2 Erstellen Sie von sich eine Kurzbiografie. Legen Sie auf der Rückseite der Biografie Ihren Stammbaum an. Befragen Sie hierzu auch Ihre Eltern und Großeltern, wenn möglich.

Meine Biografie

Name und Vorname:	
Geburtsdatum:	
Geboren in:	
Heutiger Wohnort:	
Meine Familie: Mutter: Vater: Geschwister: Großeltern:	

5.2 Biografiearbeit

Urgroßeltern:	
Onkel:	
Tanten:	
Nichten:	
Neffen:	
Meine Freunde:	
Meine Hobbys und Freizeitaktivitäten:	
Meine Schulabschlüsse:	
Besondere Lebensereignisse:	
Das mag ich besonders:	
Das mag ich überhaupt nicht:	
Das kann ich besonders gut:	
Meine Pläne für die Zukunft:	

Mein Stammbaum

3 Zeichnen Sie die Gewichtung der unterschiedlichen Lebensbereiche (Arbeit, Bildung, Wohnen, Freizeit, Familie, Freunde) in die folgenden Kreisdiagramme.

a) Zeichnen Sie ein Kreisdiagramm „Lebensbereiche" für eine ältere Person, z. B. Ihre Oma, Opa, Mutter oder Vater.
b) Zeichnen Sie ein Kreisdiagramm für Ihre eigenen „Lebensbereiche".
c) Vergleichen Sie beide Diagramme und diskutieren Sie über die Unterschiede mit einer Mitschülerin oder einem Mitschüler.

Kreisdiagramm „Meine Lebensbereiche"

Für: ____

Kreisdiagramm „Lebensbereich ältere Person“

Für: ____

6 Gesundheit erhalten und fördern

1 Ergänzen Sie den Lückentext zum Thema „Prävention“ mit den Begriffen im Kasten.
Sortieren Sie den Präventionsarten die entsprechenden Maßnahmen selbstständig zu.

heilen, Hygiene, Früherkennung, Sekundarprävention, Primärprävention, Tertiärprävention, Vorbeugung, Gesundheit, Fortschreiten, Verhütung, Krankheitsvorbeugung

Prävention ist eng mit dem Begriff ____________________ verknüpft, denn sie ist die Lehre von der ____________________ der Krankheiten und Erhaltung und Festigung der ____________________.

Bei der Prävention (____________________) werden drei Arten unterschieden:

Die ____________________ befasst sich mit der ____________________ mit dem Ziel, die Gesundheit zu erhalten und Krankheiten vorzubeugen.

Folgende Maßnahmen gehören dazu:

____

____

____

Die ____________________ dient der ____________________ von Krankheiten mit dem Ziel, Krankheiten und Krankheitsrisikofaktoren frühzeitig zu erkennen, zu beherrschen und zu beseitigen.

Folgende Maßnahmen gehören dazu:

____

____

____

____

Sollte bereits eine Erkrankung vorliegen, so befasst sich die ____________________ damit, das ____________________ der Erkrankung zu verhindern oder die Erkrankung zu ____________________.

Folgende Maßnahmen gehören dazu:

____

____

____

____

2 Kreuzen Sie bei den nachfolgenden Fragen sorgfältig die Antworten an, die für Sie zutreffen. Zum Vergleich können Sie den Test der Deutschen Herzstiftung mit einer anderen Person (Vater, Mutter, Großeltern …) durchführen. Können Sie Unterschiede erkennen? Die Auswertung des Tests finden Sie auf Seite 47.

RISIKOTEST

Der folgende Test hilft Ihnen, Ihr persönliches Herz- infarkt-Risiko einzuschätzen. Er ist in erster Linie für Menschen gedacht, bei denen bislang keine Gefäß- erkrankung festgestellt wurde.
Kreuzen Sie die zutreffenden Antworten an.

Familie

Ist in Ihrer Familie bei Verwandten ersten Grades (Vater, Mutter, Geschwister, Kinder) bereits ein Herzinfarkt oder Schlaganfall aufgetreten?

Frauen:

ja, vor dem 60. Lebensjahr	10
ja, nach dem 60. Lebensjahr	4
nein	0

Männer:

ja, vor dem 55. Lebensjahr	10
ja, nach dem 55. Lebensjahr	4
nein	0

Rauchen Sie?

weniger als 20 Zigaretten pro Tag	8
mehr als 20 Zigaretten pro Tag	10
mehr als 20 Zigaretten pro Tag und Anti-Baby-Pille	12
nein	0

Bewegung und Sport

Bewegen Sie sich regelmäßig mindestens 20 Minuten am Tag?

mindestens ein- bis zweimal pro Woche	–2
mindestens einmal pro Monat	0
seltener als einmal pro Monat	2

Gewicht

Ihren BMI errechnen Sie mit folgender Formel: **BMI = Körpergewicht in kg geteilt durch Körperlänge in m².**
Bitte übertragen Sie den errechneten Wert in das Schema.

	Frauen	Ihr Wert	Männer	Ihr Wert
Untergewicht	unter 19		unter 20	0
Normalgewicht	19–24		20–24	0
Übergewicht	25–30		25–30	1
Adipositas	über 30		über 30	2

Essen Sie bewusst?

Essen Sie täglich Gemüse, Salat, Obst, Hülsenfrüchte, Vollkornprodukte, Ballaststoffe, Oliven- und Rapsöl und eher Fisch als Fleisch?

praktisch immer	−4
häufig	−2
eher nicht	0

Bevorzugen Sie

Fleisch, Wurst, Fast Food, Kuchen, Süßigkeiten, Speiseeis, zuckerhaltige Limonaden?

praktisch immer	4
häufig	2
eher nicht	0

Stress

Arbeiten Sie dauernd unter Zeitdruck oder Stress?

nein	0
gelegentlich	0
häufig	2
praktisch dauernd	4

Blutdruck

Was wissen Sie über Ihren Blutdruck?

nicht bekannt	2
oberer Wert:	
unter 140 mmHg	0
140–160 mmHg	1
über 160 mmHg	6
unterer Wert:	
unter 90 mmHg	0
90–95 mmHg	2
über 95 mmHg	4

LDL-Cholesterin

Was wissen Sie über Ihr LDL-Cholesterin?

nicht bekannt	2
über 190 mg/dl (4,91 mmol/l)	10
stark erhöht: über 160–190 mg/dl bzw. 4,14–4,91 mmol/l	6
erhöht: 115 bis 160 mg/dl bzw. 3,0–4,14 mmol/l	3
normal: unter 115 mg/dl bzw. 3,0 mmol/l	0

Erweiterte Risikokonstellation:

Haben Sie Übergewicht oder ist Ihr Bluthochdruck oder Blutzucker erhöht?

ja	3
nein	0

Diabetes

Haben Sie erhöhten Blutzucker?

nicht bekannt	2
nein	0
ja, aber benötige noch keine Medikamente	6
nehme Tabletten für den Blutzucker	8
spritze Insulin	8

Beschwerden

Haben Sie gelegentlich Schmerzen im Brustbereich evtl. mit Ausstrahlung in den Hals oder in einen Arm? Druck/Engegefühl oder neu aufgetretene Luftnot?

nein	0
vor allem bei … oder auch nach …	
körperlicher Belastung	10
vor allem bei Kälte	10
vor allem bei Stress	6
gelegentlich in Ruhe	4

Druck im Brustkorb

Hatten Sie bereits einmal länger als fünf Minuten anhaltende druckartige Beschwerden im Brustkorb oder Brennen hinter dem Brustbein?

ja	10
nein	0

Herzinfarkt

Wurden Sie bereits wegen Herzinfarkts oder Verdacht auf Herzinfarkt behandelt?

ja	10
nein	0

Punktzahl

Deutsche Herzstiftung

3 Im **Salutogenese-Modell** von Aaron Antonovsky wird Gesundheit nicht als absoluter Zustand betrachtet, sondern vielmehr als ein Prozess. In seinem Modell stehen sich Gesundheits- und Risikofaktoren gegenüber, beeinflussen sich und führen entweder zur Gesundheit oder zur Krankheit eines Menschen.

a) Bitte tragen Sie Ihre gesundheitserhaltenden Faktoren sowie Ihre persönlichen Risikofaktoren in die Tabelle ein.

b) Tauschen Sie sich in Partnerarbeit darüber aus und überlegen Sie, welche möglichen gesunderhaltenden Faktoren/Maßnahmen Sie weiter in Ihr Leben integrieren können, um die Risikofaktoren zu minimieren.

c) Überlegen Sie, welche krank machenden Faktoren Ihr Beruf mit sich bringt und wie Sie diesen begegnen können. Fassen Sie die Ergebnisse auf einem 2. Arbeitsblatt (siehe S. 46) übersichtlich zusammen.

d) Präsentieren Sie Ihre Ergebnisse im Plenum.

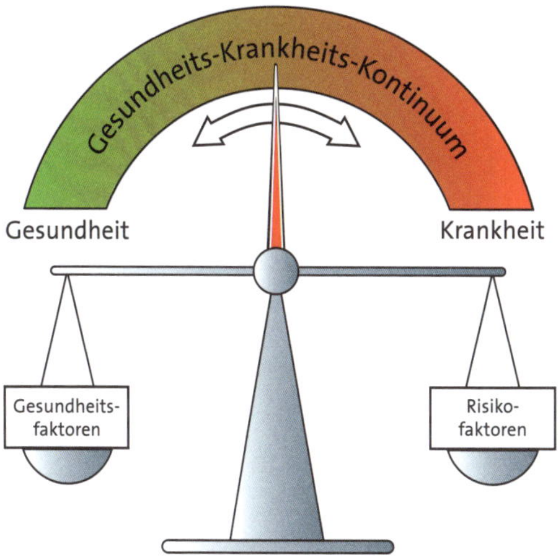

Folgende Faktoren erhalten meine Gesundheit	Folgende Faktoren erhöhen mein Krankheitsrisiko

Arbeitsblatt: Berufliche Risikofaktoren

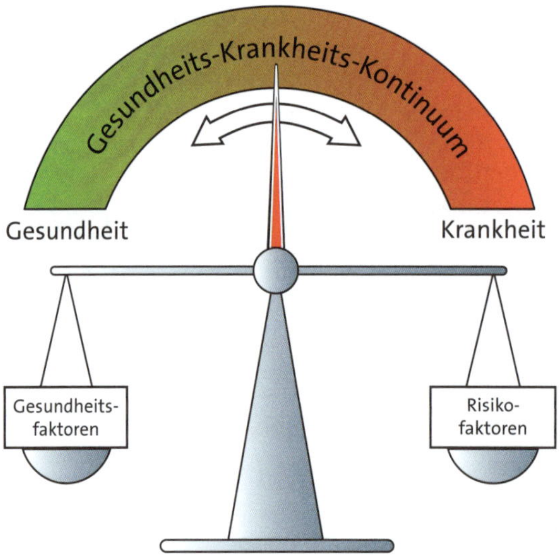

Gesunderhaltende Faktoren	Risikofaktoren im Pflegeberuf

4 Unterscheiden Sie die zwei Stressarten voneinander und sortieren Sie mögliche Auslöser dazu.

Eustress bedeutet ____________________, folgende Auslöser zählen dazu:

Disstress bedeutet ____________________, folgende Auslöser zählen dazu:

5 Nennen Sie mögliche Methoden der Stressbewältigung.

Auswertung des Tests von Seite 43/44

Für jede Frage wird jeweils einmal die höchste erreichte Punktzahl addiert. Bei Antworten, die mit einem Minuszeichen versehen sind, muss die entsprechende Punktzahl abgezogen werden. Die Summe ergibt Ihre persönliche Risikoeinschätzung.

–6 bis 4 Punkte	Herzlichen Glückwunsch! Ihr Risiko für Herz-Kreislauf-Erkrankungen ist unterdurchschnittlich. Weiter so!
5–8 Punkte:	Ihr Risiko ist durchschnittlich. Versuchen Sie, beeinflussbare Risikofaktoren auszuschalten.
9–16 Punkte	Ihr Risiko ist erhöht. Besprechen Sie mit Ihrem Arzt eine Strategie zur Verminderung Ihres Risikos und achten Sie auf Ihren Lebensstil.
17 Punkte und mehr	Ihr Risiko ist deutlich erhöht. Sprechen Sie bald mit Ihrem Arzt, wie eine Verminderung Ihres erhöhten Risikos für Herzinfarkt erreicht werden kann. Für Sie ist ein gesunder Lebensstil besonders wichtig.

Wenn Sie nicht wissen, wie hoch Ihr Blutdruck, Ihr Blutzucker und Ihr LDL-Cholesterin sind, sollten Sie sie bestimmen lassen. Nur wenn Sie diese Werte kennen, können Sie sich vor dem Herzinfarkt schützen.

TIPP: Wie Sie Ihr Herz schützen können, erfahren Sie im kostenlosen Newsletter der Deutschen Herzstiftung. www. herzstiftung.de/Newsletter

7 Menschen bei ihrer Lebensgestaltung unterstützen

7.1 Lebenswelten und soziale Netzwerke

1 Ordnen Sie dem unteren Schema die passenden Beispiele aus dem Kasten den einzelnen sozialen Netzwerken zu.

Familie, Pflegedienste, soz. Dienste, Bürgerinitiativen, öffentliche Einrichtungen, Freunde, Ehrenamt, Nachbarn, Selbsthilfegruppen, Infrastruktur/Verkehrssysteme, Arbeitskollegen

Sekundäres Netzwerk

____

____

____

____

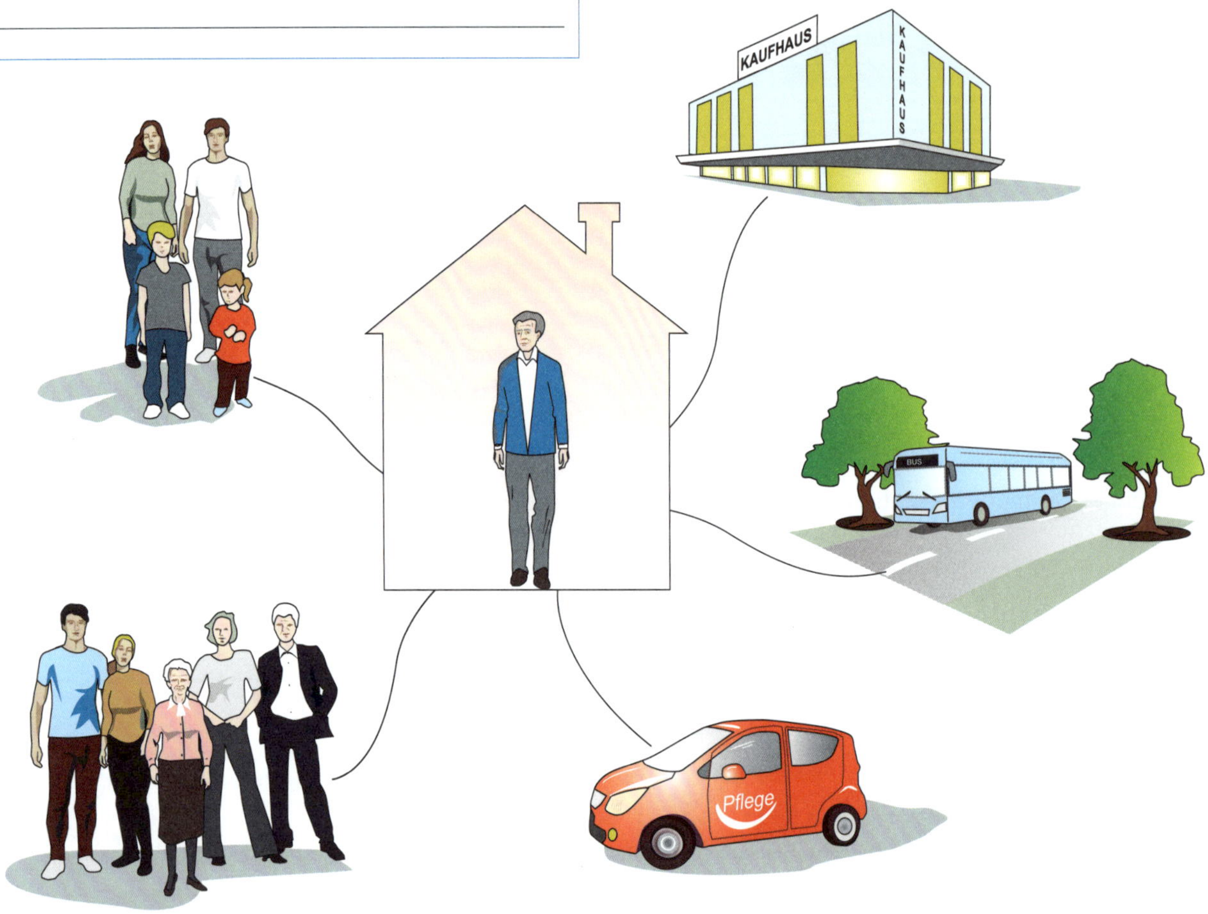

Primäres Netzwerk

____

____

____

____

Tertiäres Netzwerk

____

____

____

____

2 Im unteren Suchworträtsel sind zum Thema „Familienbeziehungen“ unterschiedliche Lebensformen und Familienstrukturen versteckt. Finden Sie diese **elf** Begriffe durch farbiges Markieren und schreiben Sie die Begriffe unter das Suchworträtsel.

K	O	A	L	L	E	I	N	E	R	Z	I	E	H	E	N	D	W
V	E	X	B	L	U	F	G	A	J	Y	D	A	F	U	P	C	O
G	H	R	D	P	Z	Q	M	V	Y	D	T	R	S	J	A	P	H
H	E	O	N	A	G	M	I	D	Y	Q	Z	L	J	F	V	B	N
H	A	U	S	F	R	A	U	R	G	V	Y	B	P	Q	W	A	G
M	J	K	L	C	A	N	P	S	S	I	N	G	L	E	L	Q	E
H	A	H	A	U	S	M	A	N	N	T	E	L	K	N	O	F	M
L	N	U	P	I	N	E	I	B	A	U	M	H	A	U	S	L	E
P	A	N	T	E	R	L	I	L	I	E	B	E	S	K	A	M	I
T	A	N	Z	E	N	G	E	H	I	N	Z	E	L	P	A	Q	N
P	U	T	E	N	B	A	Q	W	L	E	N	E	K	J	U	P	S
K	R	O	C	Q	U	I	T	K	R	A	B	B	E	L	N	Z	C
S	T	A	M	H	J	G	R	O	ß	F	A	M	I	L	I	E	H
A	I	S	B	U	W	P	U	M	A	Z	A	E	N	E	J	I	A
M	I	D	Y	Q	Z	O	J	F	V	B	N	G	L	I	B	S	F
Q	R	U	J	I	P	A	R	T	N	E	R	S	C	H	A	F	T
I	E	R	E	N	E	J	P	K	A	K	T	U	S	B	A	L	J
W	O	C	H	E	N	E	N	D	F	A	M	I	L	I	E	B	Z
T	Z	I	L	L	E	R	T	A	L	B	J	U	T	Z	W	O	D

7.2 Menschen beschäftigen und aktivieren

1 Menschen benötigen zur Sinnfindung einen gut **strukturierten Tagesablauf**, denn nur wer aktiv seinen Tag gestaltet, kann auch seine freie Zeit genießen. In den Pflegeeinrichtungen ist die Tagesstruktur meist schon durch die täglichen Pflegeroutinen vorgegeben. Die aktive und sinnvolle Gestaltung des Tagesablaufs in Langzeitpflegeeinrichtungen ist auch wichtig, um einer Hospitalisierung entgegenzuwirken.

a) Zeichnen Sie in die Uhren den aktuellen Tagesablauf eines oder einer Ihnen bekannten zu Pflegenden ein.

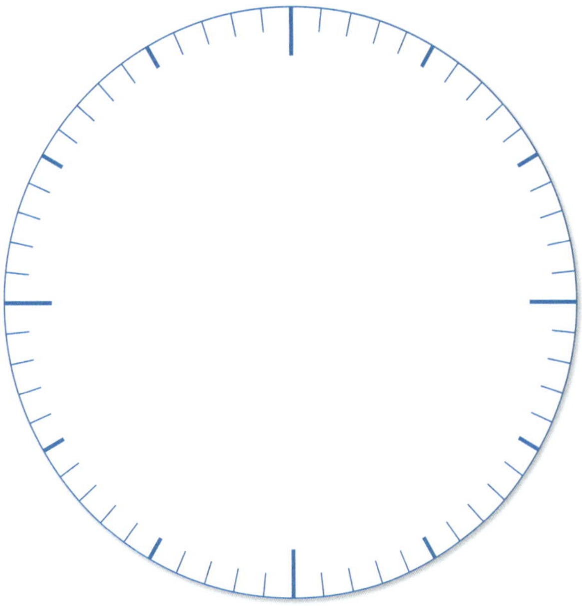

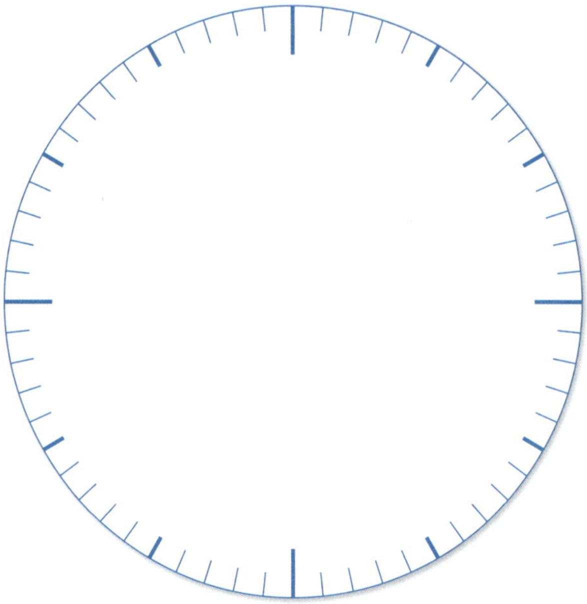

b) Überlegen Sie, welche tagesstrukturierenden Maßnahmen eventuell ergänzt oder verbessert werden können und den Interessen des oder der zu Pflegenden entsprechen würden. Denken Sie dabei auch an Beschäftigungsangebote der Einrichtung. Zeichnen Sie eine optimierte Tagesstruktur.

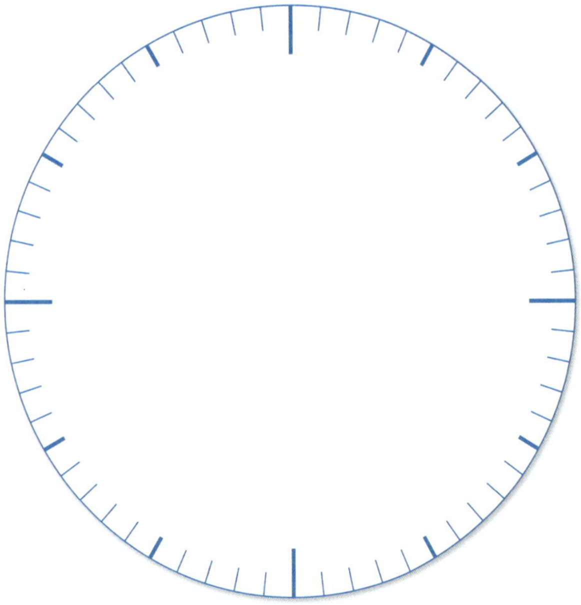

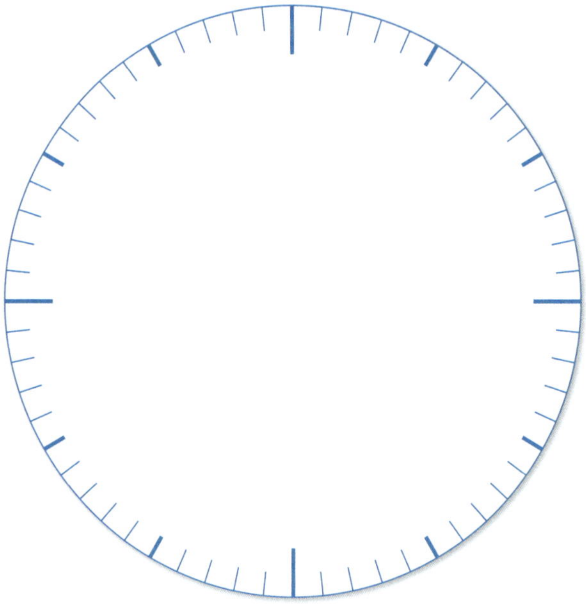

2 Speziell in Einrichtungen der Altenpflege findet das von Ute Schmidt-Hackenberg in den 1990er-Jahren entwickelte Konzept der **10-Minuten-Aktivierung** vermehrt Anwendung. Es ermöglicht eine Aktivierung älterer, speziell demenziell erkrankter Menschen trotz des allgegenwärtigen Zeitmangels und findet sowohl in Gruppen- als auch in Einzelangeboten seine Anwendung. Die Biografiearbeit bildet die Basis der Aktivierung. Sind die Gewohnheiten, Hobbys, Vorlieben etc. bekannt, so kann an diese mit der 10-Minuten-Aktivierung angeknüpft werden. Die Kurzaktivierung ist flexibel anwendbar und lässt sich teilweise auch spontan in den Tagesablauf der zu Pflegenden und der Pflege einbauen. Eine kurze kreative Denkpause ist zur Vorbereitung der 10-Minuten-Aktivierung trotzdem erforderlich.

Die benötigten Materialien können Haushaltsgegenstände, Mal- oder Bastelutensilien oder Erinnerungsstücke der zu Pflegenden sein.

Thema der Sammlung	Materialien
Kochen und Haushalt	Geräte wie Kochlöffel, Quirl, Fleischklopfer, Spätzleschaber, Schneebesen, Fleischwolf, Kaffeemühle, Einmachgläser, Wäscheklammern, Waschbrett und Kernseife
Schule	alte Schulbücher, Schiefertafel, Griffel, Griffelkasten, Schwamm, Kreide, Federhalter, Tinte, Füller, Bleistift, Anspitzer, Lineal, Schreibheft und Lesezeichen
Heimwerker	Werkzeug wie Handbohrer, Schraubenzieher, Hammer, Zange, Hobel, Zollstock, große Schrauben und Nägel
Handarbeiten	unterschiedliche Stoffe und Wolle, große Knöpfe, Stopfgarn, Nähgarn, Nähseide, Twist, Fingerhut, Nadelkissen, Knöpfe, Einfädler (keine Nadeln, keine zu kleinen Knöpfe)
Kindheit	altes Spielzeug, Puppenhaus, Puppen, Teddys, Stofftiere, Puppenherd mit Zubehör, Modelleisenbahn
Gürtel oder Handtaschen	unterschiedliche Gürtel, verschiedene Materialien und Größen, z. B. schmaler goldener für ein Abendkleid, Ledergürtel für eine Herrenhose, unterschiedliche Handtaschen, wie Samttäschchen für den Theaterbesuch, weiße Ledertaschen, passend zum Sommerkleid
Weihnachten	Tannenbaumschmuck, Weihnachtsbackwerk, Krippe, Zimt

Mögliche Sammlungen zu unterschiedlichen Themen

Zudem kann die Aktivierung an **Themen** wie Feiertage, Haushalt, Heimwerken etc. geknüpft werden.

Zur Durchführung der Aktivität sollte die Pflegeperson **gezielte Fragen** zu den vorbereiteten Materialien stellen, um die Sinne, die Motorik oder Feinmotorik zu aktivieren, Erinnerungen wachzurufen oder Geschichten erzählen zu lassen:
Was ist das für ein Gegenstand, den Sie in der Hand halten?
Aus welchem Material ist er wahrscheinlich?
Wie fühlt sich der Gegenstand an?
Welche Farbe hat er?
Wozu kann der Gegenstand benutzt werden? Wozu haben Sie diesen Gegenstand früher benutzt?
Welche Erinnerungen verbinden Sie mit dem Gegenstand?

7.2 Menschen beschäftigen und aktivieren

Überlegen Sie eine eigene **10-Minuten-Aktivierung** für einen zu Pflegenden oder eine zu Pflegende.

a) Was wollen Sie erreichen oder woran wollen Sie anknüpfen?

b) Welches Thema (s. Tabelle auf S. 51) steht im Mittelpunkt und welche Materialien benötigen Sie?

c) Beschreiben Sie Schritt für Schritt die Durchführung Ihrer geplanten 10-Minuten-Aktivierung. Denken Sie auch an gezielte Fragen!

8 Ernährung

1 Sortieren Sie den Definitionen die richtigen Schlüsselbegriffe (Leistungsumsatz, Grundumsatz) zu.

Der ______________________________ beschreibt den Energieverbrauch und Energiebedarf bei völliger Ruhe, den der Körper benötigt, um seine Körperfunktionen aufrechtzuerhalten.

Der __________________________________ beschreibt den zusätzlichen Energiebedarf und Energieverbrauch, den der Körper innerhalb eines Tages benötigt, um körperliche Aktivitäten unter körperlichen Anpassungsprozessen wie Wärme, Kälte, Erkrankungen etc. verrichten zu können. Als __________________________________ wird also die Energie bezeichnet, die über den _________________________________ hinausgeht. Zur Berechnung werden die **PAL-Werte** hinzugezogen.

2 Berechnen Sie für sich und die im Folgenden benannten Personen den Grundumsatz und den Leistungsumsatz.

Aktivität	PAL-Wert
Nachtruhe	0,95
hohes Alter und stark eingeschränkte Aktivität	1,2
normale Alltagsaktivität im Alter	1,4
Schüler oder Berufstätige mit überwiegend sitzender Tätigkeit	1,6–1,7
Hausfrauen oder Berufstätige mit überwiegend stehender Tätigkeit	1,8–1,9
starke körperliche Anstrengung	2,0–2,4

Formel Grundumsatz	Formel Leistungsumsatz GU · PAL = LU
Mann: (11,2 · Gewicht) – (3,47 · Alter) + 1 010 = GU in kcal Beispielrechnung: (11,2 · 85) – (3,47 · 43) + 1 010 = 1 813,00 kcal PAL = 1,7	LU = 1 813,00 · 1,7 LU = 3 100 kcal
Frau: (11,2 · Gewicht) – (3,47 · Alter) + 770 = GU in kcal Beispielrechnung: (11,2 · 75) – (3,47 · 49) + 770 = 1 440,00 PAL = 1,7	LU = 1 440,00 · 1,7 LU = 2 431 kcal

Grundumsatzberechnung nach Müller (Müller et al, AJCN 1990. 51:241-247 American Journal of Clinical Nutrition (AJCN))

Mein eigener Grundumsatz:

Mein eigener Leistungsumsatz:

Beispiel 1:

Frau Müller, 85 Jahre, 165 cm, 46 kg, liegt viel im Bett und bewegt sich insgesamt eher wenig. Aufgrund einer nicht gut sitzenden Zahnprothese isst sie sehr schlecht. Essen bereitete ihr früher viel Freude, da sie selbst Köchin war.

Beispiel 2:

Herr Helm, 21 Jahre, 198 cm, 80 kg, ist Student und geht täglich seinem Ausdauertraining nach.

Beispiel 3:

Herr Danzig, 61 Jahre, 180 cm, 110 kg, ist Steuerberater und fährt sein gesamtes Berufsleben lang mit dem Fahrrad in die Kanzlei, ca. 22 km am Tag insgesamt.

3 In Aufgabe 2, Beispiel 1, wurde Ihnen Frau Müller vorgestellt.

a) Bitte berechnen Sie für Frau Müller zusätzlich den BMI und beurteilen Sie diesen.

BMI Formel	Frau Müller
$\frac{\text{Körpergewicht in kg}}{\text{Körpergröße in m} \cdot \text{Körpergröße in m}}$	

b) Überlegen Sie, welche Nahrungsmittel und Nährstoffe Frau Müller in ihrer momentanen Situation guttun würden, und begründen Sie dieses.

Nahrungsmittel	Enthaltene Nährstoffe	Begründung

c) Ein liebevoll und korrekt gedeckter Tisch lädt förmlich zum genüsslichen Essen und harmonischen Beisammensitzen ein. Decken Sie den Tisch für ein Mittagsmenü, Frühstücksmenü oder Abendmenü für Frau Müller mit den von Ihnen ausgewählten Nahrungsmitteln und notwendigen Essutensilien wie Besteck, Tasse, Glas, Teller, Tischset, Serviette, Gewürzmenage, Zucker etc. und vervollständigen Sie die Zeichnung.

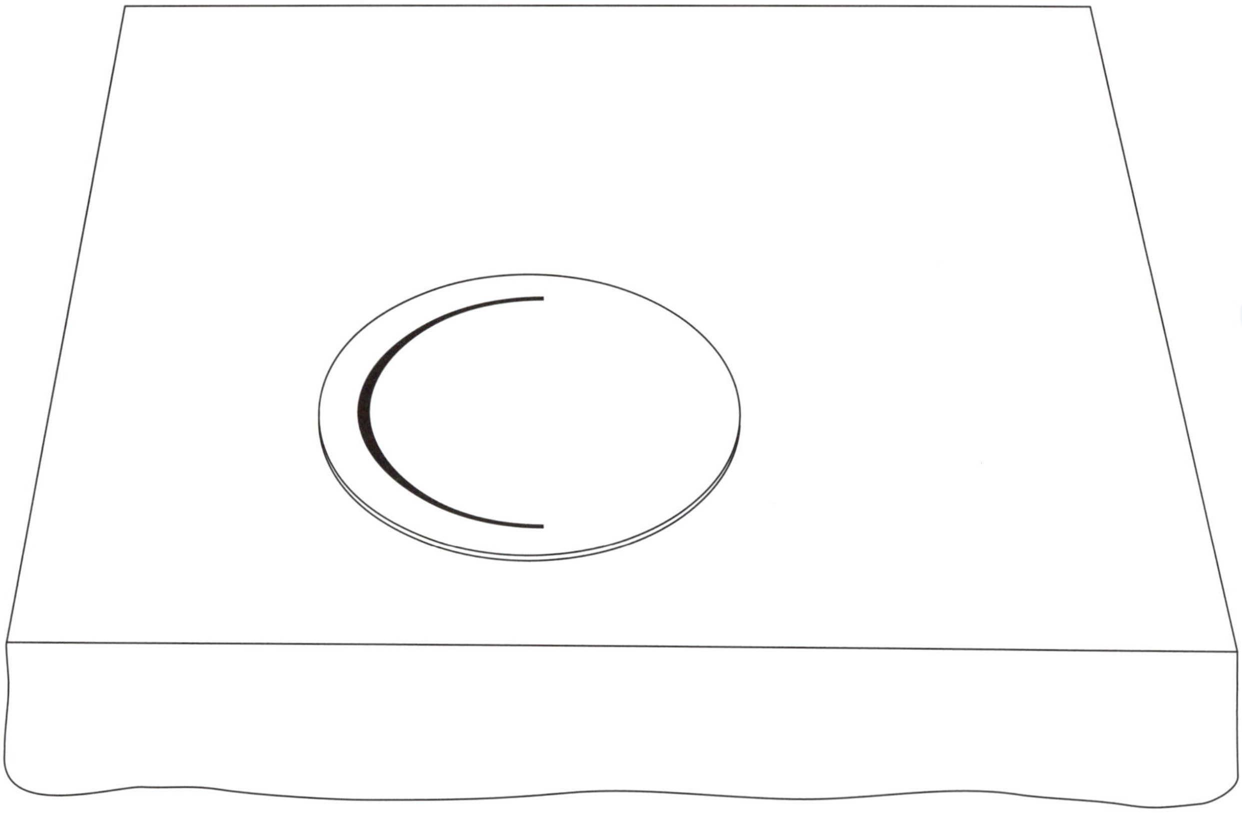

4 Überlegen Sie, welche nützlichen Eigenschaften diese Ess- und Trinkhilfen haben und bei welchen zu Pflegenden der Einsatz sinnvoll ist.

Name	Einsatz
Tellerranderhöhung 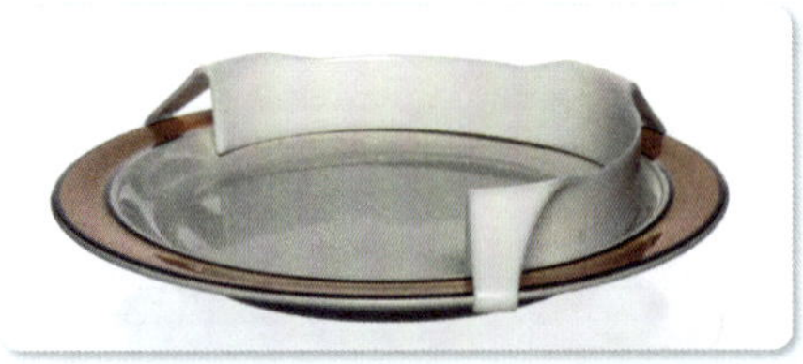	
Kipp-Trick-Teller mit Randerhöhung 	

Name	Einsatz
Besteck mit breiten rutschfesten Griffen und verstellbaren Messer, Gabel, Löffel 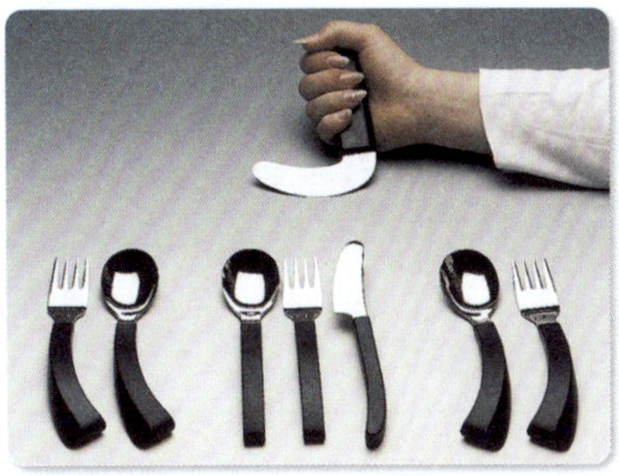	
Brettchen mit Zubereitungshilfen und hohem Rand, teilseitig 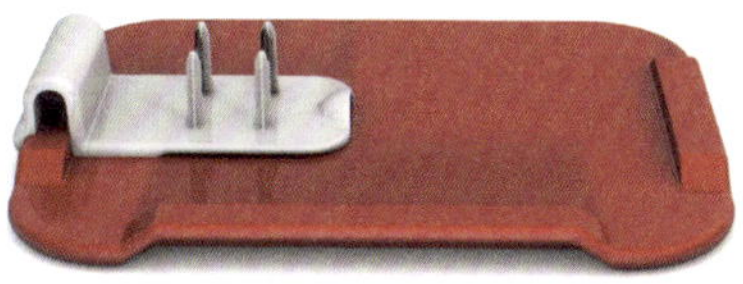	
Antirutschunterlage für Teller 	
Nasenbecher 	
Thermobecher mit großen Griffen und „Trink-Trick“ 	

9 Menschen in ihrem Lebensumfeld unterstützen

9.1 Verhütung von Unfällen und Stürzen

1 **Sturzprophylaxe** ist ein wichtiger Bestandteil in der Pflegearbeit.

a) Erläutern Sie, welche Risikofaktoren zur Erhebung des individuellen Sturzrisikos bei zu Pflegenden erfasst werden müssen.

Intrinsische Risikofaktoren:

Extrinsische Risikofaktoren:

b) Markieren Sie zunächst die Stolper- und Sturzquellen in dem unteren Bild und notieren Sie diese dann. Begründen Sie Ihre Auswahl.

Sturzquellen in der Umgebung:

9.2 Wohnraum gestalten

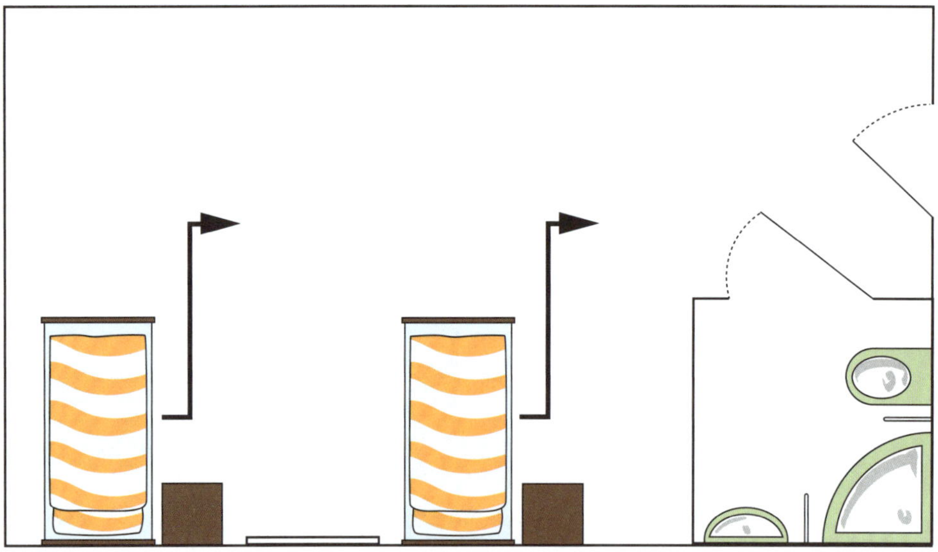

Bei sturzgefährdeten zu Pflegenden kann in der Praxis häufig beobachtet werden, dass die meisten Stürze im Zimmer unmittelbar nach dem Aufstehen aus dem Bett vorkommen. Im oberen Bild ist vereinfacht ein typisches Patientenzimmer dargestellt. Die Betten stehen nebeneinander und es ist nur wenig Platz zwischen ihnen. Beobachtet man nun den Bewegungsablauf (Pfeile), den die zu Pflegenden absolvieren, wenn sie das Zimmer verlassen oder z. B. in das Bad gehen möchten, fällt auf, dass sie direkt nach dem Aufstehen aus dem Bett und auf dem weiteren Weg Richtungswechsel vornehmen müssen. Diese vielen Richtungswechsel können zu Stürzen führen. Die optimale Bettposition und die Beseitigung von Sturzquellen sind also wichtig für die Prävention von Stürzen.

1 Richten Sie das Patientenzimmer neu ein. Positionieren Sie die Betten so, dass die zu Pflegenden möglichst wenig Richtungswechsel durchführen müssen. Zeichnen Sie Betten und Nachttische ein und gestalten Sie sie farbig. Skizzieren Sie den Patientenweg.

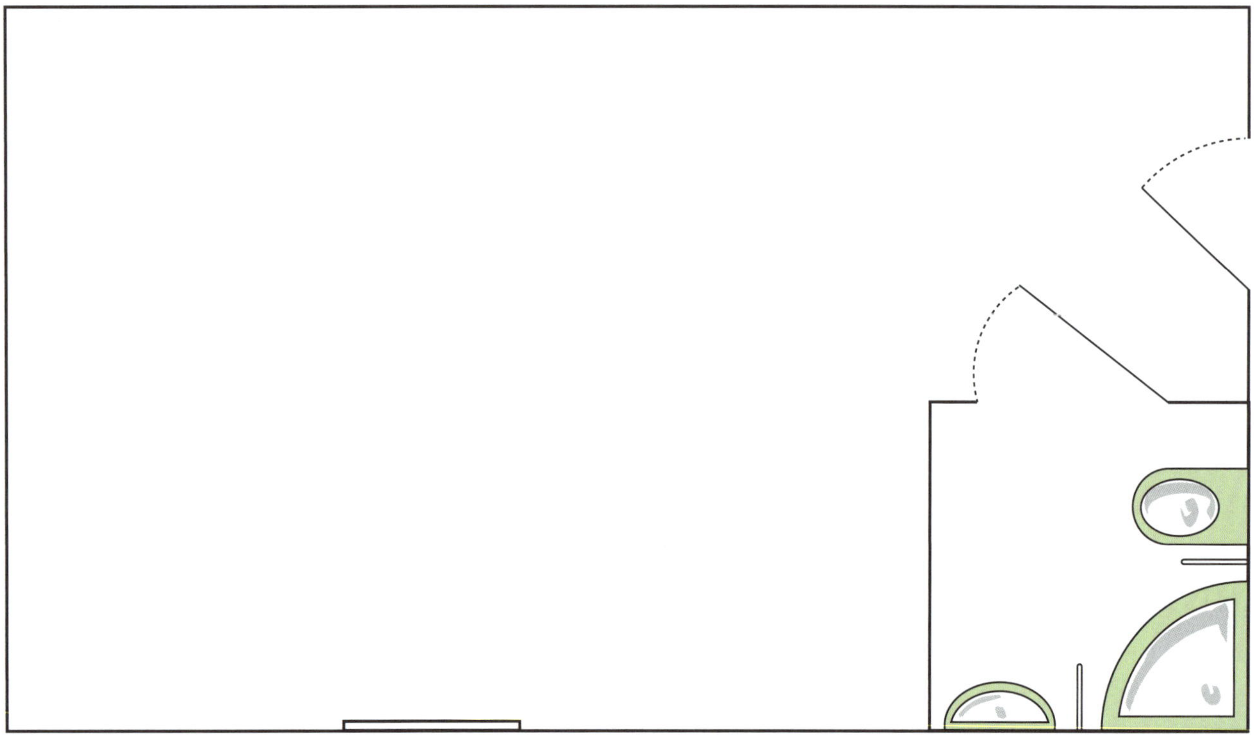

10 Menschen pflegen

10.1 Wahrnehmen und Beobachten

1 Wahrnehmung ist die Aufnahme von Reizen aus der Umgebung mithilfe der Sinnesorgane und deren Verarbeitung. Betrachten Sie die Abbildungen aus der Perspektive einer Pflegeperson. Welche Reize lösen die Wahrnehmung der Pflegeperson aus? Welche Sinnesorgane werden jeweils genutzt?

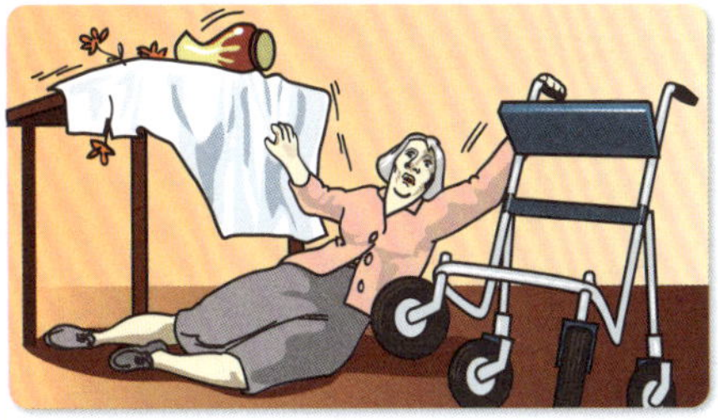

Was nimmt die Pflegeperson wahr?

____

____

____

Sinnesorgan: ______________________________

Was nimmt die Pflegeperson wahr?

____

____

____

Sinnesorgan: ______________________________

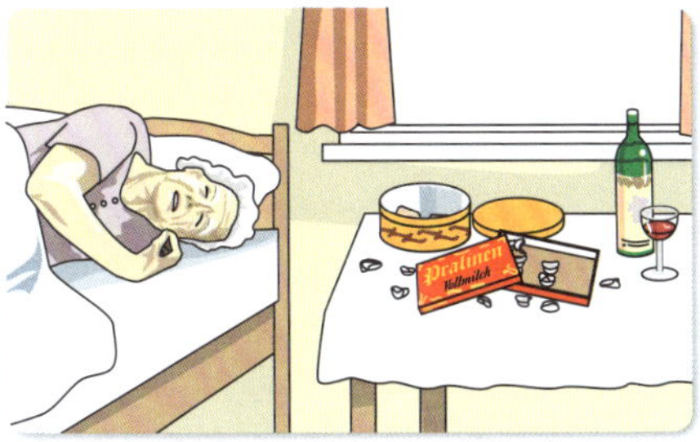

Was nimmt die Pflegeperson wahr?
(Zwei Hinweise zur Abbildung: Blutzucker-Wert der Bewohnerin sehr hoch, Wahrnehmung bezieht sich auf den Geruch der Raumluft)

____

____

Sinnesorgan: ______________________________

2 Mitunter kann uns unsere Wahrnehmung auch Streiche spielen, wie man an optischen Täuschungen erkennen kann. Was sehen Sie?

____

____

____

____

____

____

10.2 Der Pflegeprozess

1 Der Pflegeprozess ist die Arbeitsgrundlage in der professionellen Pflege und hilft den Pflegenden, pflegerische Handlungsschritte zielgerichtet zu planen, durchzuführen und zu evaluieren.
Die notwendigen einzelnen Schritte des Pflegeprozesses können in einem Regelkreis dargestellt werden. Bringen Sie nun die vorgegebenen Begriffe in eine logische Reihenfolge.

Maßnahmen planen, Ziele festlegen, Probleme und Ressourcen benennen, Informationen sammeln, Maßnahmen durchführen, Ergebnisse evaluieren

1. ______________________________

2. ______________________________

3. ______________________________

4. ______________________________

5. ______________________________

6. ______________________________

2 Für die Entbürokratisierung der Pflegedokumentation wurde das „Strukturmodell“ entwickelt, das sowohl in der ambulanten als auch in der stationären Pflege angewandt werden kann. Dieses Modell ist wieder 4-schrittig und löst sich vom 6-Phasen-Modell, das sich an den ABEDLs® orientiert (siehe Aufgabe 1).

a) Zeigen Sie zum Vergleich zu Aufgabe 1 die Teilschritte des Strukturmodells auf.
b) Fallen die zwei zusätzlichen Teilschritte des 6-Phasen-Modells im Strukturmodell ersatzlos weg?

a) Der 4-phasige Pflegeprozess im Sinne des Strukturmodells

1. ______________________________

2. ______________________________

3. ______________________________

4. ______________________________

b) ______________________________

3 Lesen Sie das Fallbeispiel.

a) Tragen Sie die aktuellen und potenziellen Probleme in die Sprechblasen der Pflegeperson ein.

Fallbeispiel: Herr Gustav ist 36 Jahre alt, seit seiner Kindheit leidet er an allergischem Asthma bronchiale, welches er gut im Griff hat. Er arbeitet als Manager eines Supermarkts. Seinen Beruf liebt er sehr und hat einen guten Kontakt zu seinen Mitarbeitern. Er ist verheiratet und Vater einer 4-jährigen Tochter, seine Frau und seine Tochter liebt er innig. Seit einigen Tagen klagte Herr Gustav über Husten und Schmerzen beim Atmen. Sein behandelnder Arzt stellte eine beginnende Pneumonie fest und überwies ihn in die Klinik. Nun hat Herr Gustav Fieber (39,5 °C), schwitzt stark, fühlt sich schwach, hat Schmerzen beim Atmen und Husten sowie Atemnot bei körperlicher Aktivität. Der Stationsarzt verordnet vorübergehende Bettruhe, Sauerstoffgabe bei Bedarf sowie Antibiotika i. v. Auch der Besuch soll eingeschränkt werden.

Potenzielle Probleme:

____

____

____

____

Aktuelle Probleme:

____

____

____

____

Potenzielle Probleme:

____

____

____

____

Potenzielle Probleme:

____

____

____

____

b) Tragen Sie die Ressourcen des Patienten in die Sprechblasen der Pflegeperson ein.

10.3 Qualitätssicherung in der Pflege

1 Tragen Sie die wichtigsten Rechtsgrundlagen der Qualitätssicherung im stationären und ambulanten Pflegebereich zusammen.

Gesetz	Regelung für …

2 Es gibt zahlreiche Instrumente zur Sicherung der Qualität im Pflegebereich. Geben Sie Beispiele an.

3 Nennen Sie acht der bisher erarbeiteten Expertenstandards.

4 Welche Konsequenzen ergeben sich für Pflegeeinrichtungen bei festgestellten Qualitätsmängeln?

Bei Feststellung von Qualitätsmängeln …

10.4 Prophylaxen in der Pflege

1 Geben Sie zu jeder Prophylaxe mögliche pflegerische Maßnahmen an, wie am Beispiel ersichtlich.

Prophylaxe	Erläuterung	Ursachen/ Risikofaktoren	Mögliche Maßnahmen
Pneumonie- und Atelektasen-prophylaxe 	Maßnahmen zur Verbesserung der Belüftung der Lunge, Vermeidung von Sekretstau in der Lunge, Förderung des Sekretabflusses (Abhusten) und Vermeidung einer Lungenentzündung	hohes Alter, Herzerkrankungen, Erkrankungen der Lunge, z.B. COPD, Operationen am Brustkorb oder Bauch, Immobilität, Aspirationsgefahr, z.B. Schluckstörungen, Insult, Abwehrschwäche	• Risikoerfassung • Atemtraining (SIM, VRP, Blubberbecher) • Atemübung, z.B. Lippenbremse • ASE • Frühmobilisation • Bewegungsübungen aktiv oder passiv
Thrombose-prophylaxe 	Maßnahmen zur Verbesserung der Strömungs-geschwindigkeit des Bluts, venöse Rückflussförderung und somit Vermeidung einer Thrombose	Immobilität, Virchow-Trias, hohes Alter, Übergewicht, Hormontherapie, Schwangerschaft, Varikosis, Tumorerkrankung, Abwehrschwäche, Infektionen, Sepsis, Herzerkrankungen, Rauchen	
Sturzprophylaxe 	Maßnahmen zur Vermeidung von Stürzen	intrinsische Risikofaktoren wie körperliche Einschränkungen, Depression, Schwindel, Demenz, Inkontinenz, Sehbeeinträchtigung, Sturzgeschichte etc. extrinsische Risikofaktoren wie Sedativa, RR-Medikamente, unpassende Kleidung, Hilfsmittelnutzung, Bettgitter, Gefahren in der Umgebung	

Prophylaxe	Erläuterung	Ursachen/ Risikofaktoren	Mögliche Maßnahmen
Dekubitusprophylaxe 	Maßnahmen zur Vermeidung der Entstehung eines Druckgeschwürs	Immobilität, Über-, Untergewicht, hohes Alter, Inkontinenz, Flüssigkeitsmangel, Schwitzen, Fieber, Herz- oder Lungenerkrankungen, Diabetes mellitus,	
Kontrakturprophylaxe 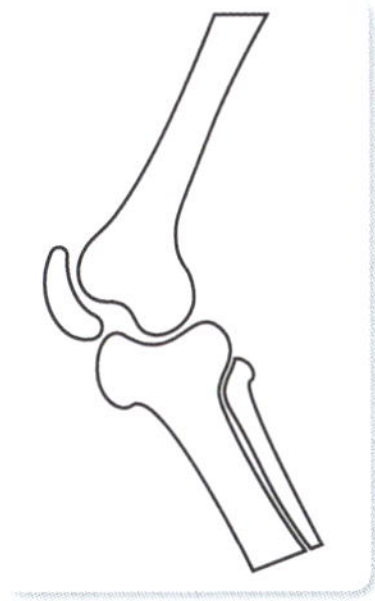	Vermeidung einer Kontraktur und Erhalt der vorhandenen Gelenkbeweglichkeit	Immobilität, Lähmungen, Spastiken, Schonhaltungen bei Schmerz, Ruhigstellung der Extremität, z. B. Gipsanlage	
Obstipationsprophylaxe 	Maßnahmen zur Vermeidung einer Stuhlverstopfung und Förderung der physiologischen Stuhlausscheidung	Immobilität, Flüssigkeitsmangel, Mangelernährung, Sedativa, Missbrauch von Abführmitteln, Fehlernährung, Diäten, Hämorrhoiden, Darmtumore, Stoffwechselstörungen	
Soor- und Parotitisprophylaxe 	Maßnahmen zur Aufrechterhaltung einer gesunden Mundflora, Anregung des Speichelflusses zur Vermeidung von Pilzinfektionen oder Entzündungen im Mundraum, Zahnfleisch oder Ohrspeicheldrüse	Mangelernährung, Chemo-, Strahlentherapie, Tumorerkrankungen, Diabetes mellitus, Nahrungskarenz oder Sondenernährung, mangelnde Mundhygiene, Appetitlosigkeit, mangelnde Kautätigkeit, Flüssigkeitsmangel, Mundatmung präfinal	

Prophylaxe	Erläuterung	Ursachen/ Risikofaktoren	Mögliche Maßnahmen
Intertrigoprophylaxe 	Maßnahmen zur Erhaltung einer gesunden Haut und Vermeidung von wunden, juckenden oder entzündeten Hautstellen oder Hautfalten	starkes Schwitzen, z. B. bei Fieber, mangelnde Hautpflege und Hygiene, Inkontinenz, Übergewicht, Hauterkrankungen, Hautfaltenbildung (Brust, Bauch, Leisten)	
Exsikkoseprophylaxe 	Maßnahmen zur Vermeidung einer Austrocknung (Dehydratation) des Körpers	mangelnde Flüssigkeitszufuhr, hoher Flüssigkeitsverlust bei z. B. Fieber, Hitze, Erbrechen, Durchfall, mangelndes Durstgefühl	
Zystitisprophylaxe 	Maßnahmen zur Verhütung von Harnwegsinfektionen	Flüssigkeitsmangel, Nierenerkrankungen, liegender transurethraler Katheter, Inkontinenz, Fieber, mangelnde Intimpflege und Intimhygiene, Restharnbildung	
Aspirationsprophylaxe 	Maßnahmen zur Verhütung einer Aspiration und Folgeerkrankung wie Aspirationspneumonie	hohes Alter, Schluckstörung, Dysphagie, Tumore (in Hals, Rachen, Gehirn), Demenz, Bewusstseinsstörungen	

2 Markieren und benennen Sie, welche Körperstellen dekubitusgefährdet sind.

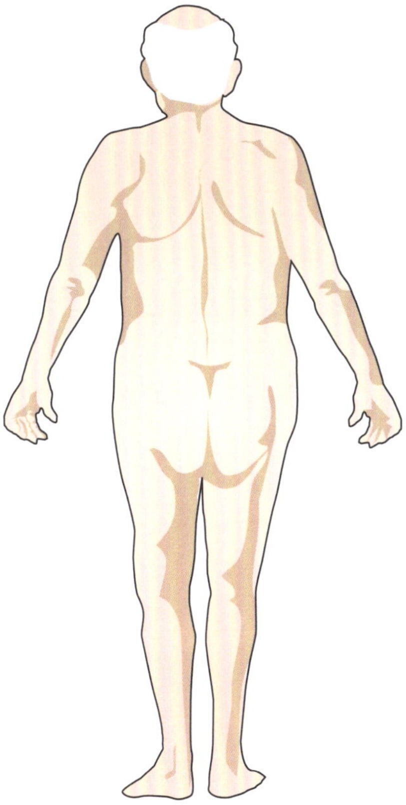

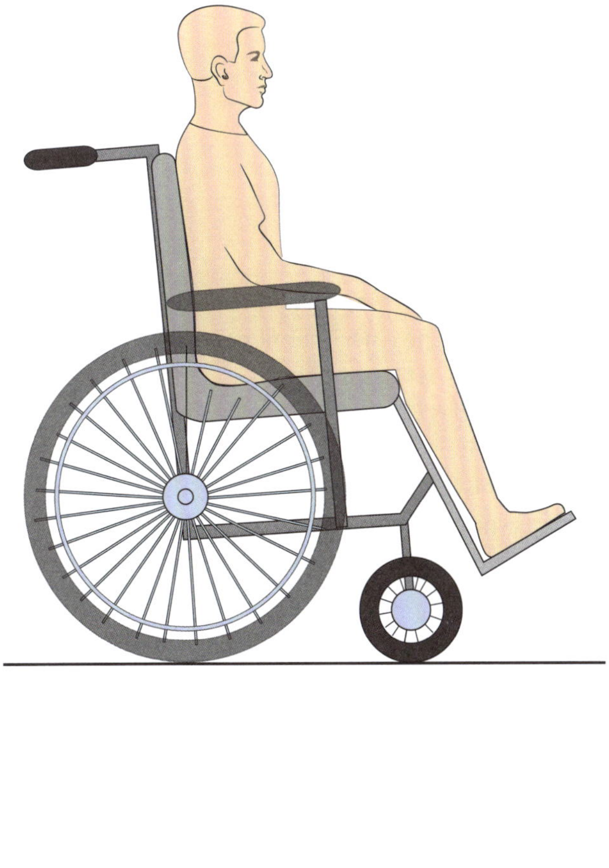

10.4 Prophylaxen in der Pflege

3 Lösen Sie das Kreuzworträtsel. Die markierten Felder ergeben in der richtigen Reihenfolge einen wichtigen Aspekt in der Pflege (bei Umlauten: Ä = AE, Ü = UE, Ö = OE).

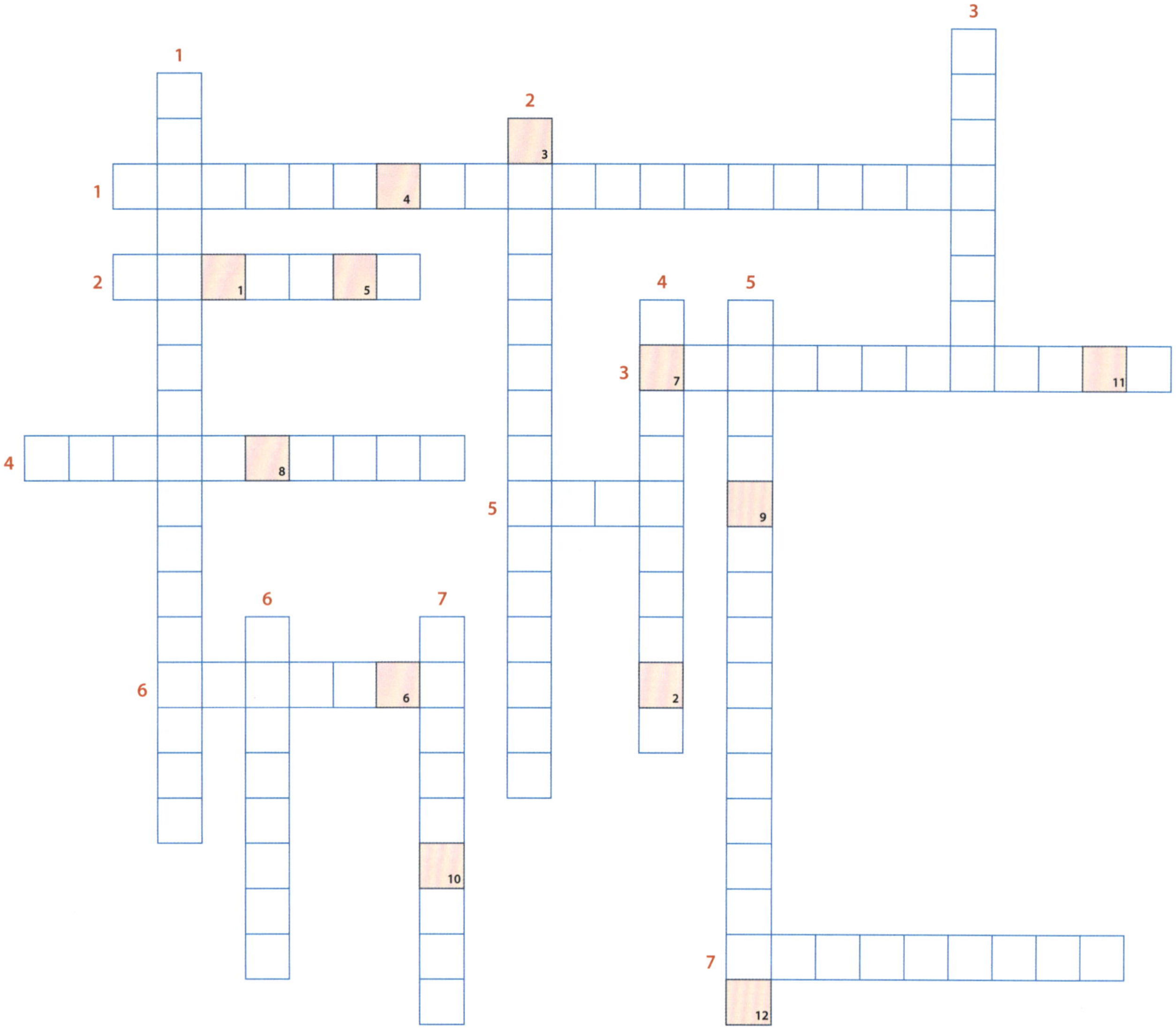

Waagerecht

1 Ursache für eine Exsikkose
2 Inhalationszusatz
3 Erste Maßnahme der Sturzprophylaxe ist das Erfassen des …
4 Bleibende Bewegungseinschränkung
5 Pilzinfektion im Bereich der Mundschleimhaut
6 Komplikation einer Thrombose
7 Stehende Hautfalten – typisches Zeichen einer …

Senkrecht

1 Die Kost bei einer Obstipation sollte … sein
2 Häufige Ursache einer Thrombose
3 Entzündung der Harnblase
4 Begriff für das Eindringen von flüssigen oder festen Stoffen in die Atemwege
5 Schutzpolster zur Vermeidung von Schenkelhalsfrakturen
6 Maßnahme zur Verringerung der Sekretansammlung
7 Fachbegriff für ein Druckgeschwür

Lösung:

1	2	3	4	5	6	7	8	9	10	11	12

10.5 Menschen mit Schmerzen pflegen

1 Kreuzen Sie das richtige „Fachwort“ für die Schmerzrezeptoren an.

	Thermorezeptoren		Nozirezeptoren		Mechanorezeptoren		Photorezeptoren

2 Füllen Sie die untere Tabelle aus und benennen Sie zum einen die Aufgabe der Schmerzmediatoren und die entsprechenden Botenstoffe oder Trigger der Schmerzmediation.

Aufgabe	
Botenstoffe und weitere Trigger	

3 Was bedeutet niedrige Schmerzschwelle? Kreuzen Sie an.

	intensiveres Schmerzempfinden		höhere Toleranz für Schmerzen
	geringere Schmerzempfindung		Schmerzen werden schneller als untragbar empfunden

4 Es gibt verschiedene Schmerzformen. Bitte ordnen Sie durch Linien die Schmerzqualität den Schmerzformen zu. Bringen Sie Beispiele zu jeder Schmerzform.

Beispiele	Schmerzformen		
	somatischer Schmerz		brennender, einschießender, elektrisierender Schmerz
	viszeraler Schmerz		Schmerzursache nicht organisch, unterschiedliche Qualität
	neurogener Schmerz		hell, stechend, örtlich begrenzt
	psychogener Schmerz		dumpf, ziehend, drückend

5 Beschreiben Sie die Nozizeption (Schmerzweiterleitung).
Sortieren Sie die Begriffe aus dem Kasten in die richtige Reihenfolge.

Weiterleitung über Vorderseitenstrang (Tractus spinothalamicus) an Hirn

Endorphine reduzieren oder beenden Schmerzwahrnehmung, Gate-Control

Weiterleitung über afferente Nervenbahnen an Rückenmark

Ausschüttung von z.B. Serotonin

Aufnahme über Nozizeptoren der Haut

Limbisches System (emotionale Bewertung)

Schmerzreiz (Stichwunde)

Weiterleitung über efferente Nervenbahn (Reizreaktion)

Kortex (Bewusstmachung)

	1.
	2.
	3.
	4.
	5.
	6.
	7.
	8.
	9.

6 Markieren Sie farbig auf dem Bild die Schmerzweiterleitung und nennen Sie die vier Phasen der Nozizeption.

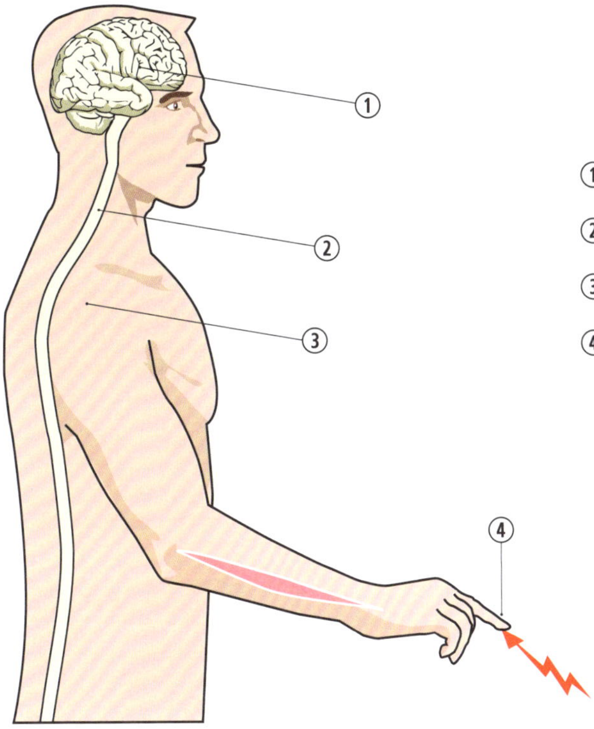

① ______________________________

② ______________________________

③ ______________________________

④ ______________________________

7 Was bedeutet die Gate-Control-Theorie im Zusammenhang mit dem Thema „Schmerz"?
Kreuzen Sie die richtigen Aussagen an.

	Schmerzmediatoren werden ausgeschüttet		Es handelt sich um einen Rezeptor zur Kontrolle von Schmerzen
	Abbruch der Schmerzreaktion durch Ausschüttung von Endorphin		Schmerzwahrnehmung und Bewertung
	Es handelt sich um die schnellen „A-Delta-Fasern" zur Schmerzweiterleitung		Anwendung von Wärme, Kälte, Akupunktur etc. können zum Abbruch oder Hemmung der Schmerzreaktion führen

8 Eine wichtige pflegerische Aufgabe bei der medikamentösen Schmerztherapie ist die Krankenbeobachtung hinsichtlich der Wirksamkeit der Schmerzmittel sowie der unerwünschten Nebenwirkungen.
Welche Nebenwirkungen können Sie bei Opioiden beobachten?

10.5 Menschen mit Schmerzen pflegen

9 Neben der medikamentösen Behandlung von Schmerzen können auch nicht medikamentöse Maßnahmen zu einer Schmerzlinderung führen. Ergänzen Sie die Tabelle und schreiben Sie unter die Bilder die entsprechenden nicht medikamentösen oder alternativen Methoden zur Schmerzlinderung.

<table>
<tr><td>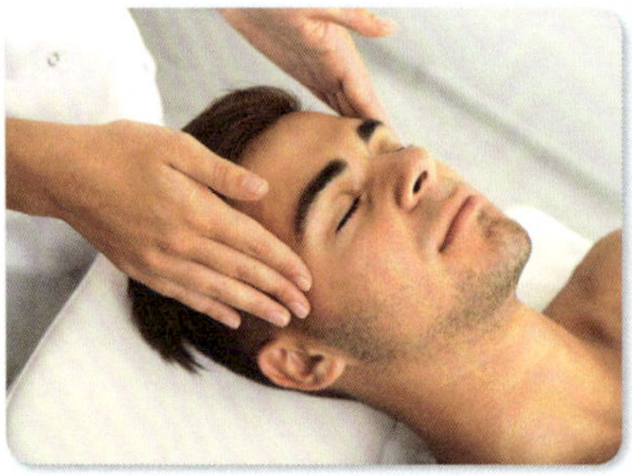</td><td>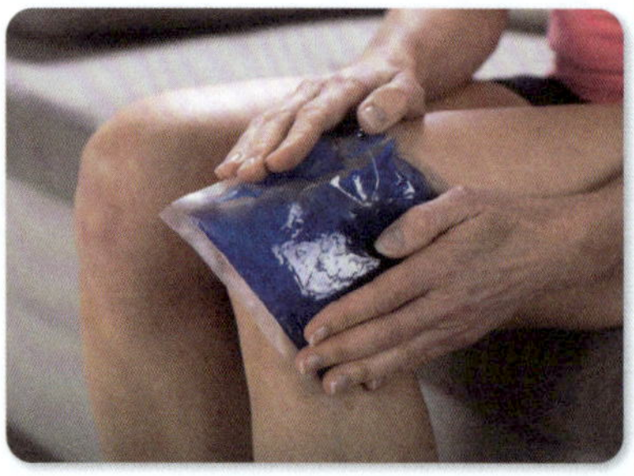</td><td></td></tr>
<tr><td colspan="2"> </td><td></td></tr>
<tr><td></td><td>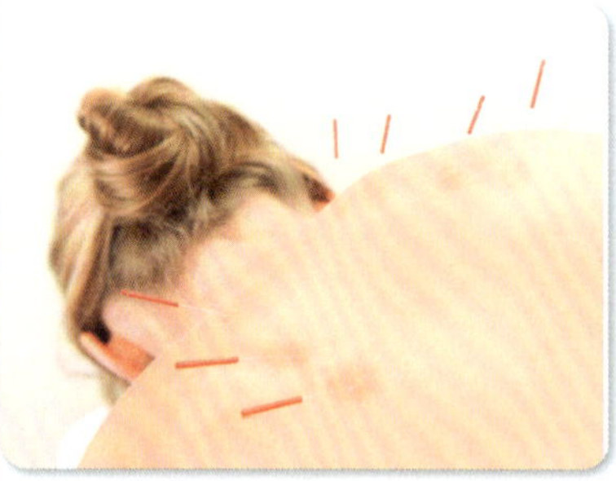</td><td></td></tr>
</table>

10 Damit eine genaue Einschätzung des Schmerzgeschehens bei zu Pflegenden durch die Pflegeperson erfolgen kann, müssen folgende Aspekte erfasst und dokumentiert werden. Füllen Sie die Sprechblasen aus.

10.5 Menschen mit Schmerzen pflegen

11 Welche Instrumente zur Einschätzung der Schmerzstärke kennen Sie? Beschriften Sie die unteren Beispiele mit den richtigen Begriffen.

Verbale Rangskala, Gesichtsskala/Emoticon-Skala, Nummerische Rangskala

Beispiel	Bezeichnung	Geeignet für
		Kinder, ältere Menschen mit geistigen Einschränkungen
VRS (Verbale Rating Skala) kein Schmerz – leichte Schmerzen – mäßige Schmerzen – starke Schmerzen – sehr starke Schmerzen – stärkste vorstellbare Schmerzen		Erwachsene, Jugendliche
VAS (Visuelle Analog Skala)  kein Schmerz – stärkste vorstellbare Schmerzen	Visuelle Analog Skala	Erwachsene, Jugendliche
0 1 2 3 4 5 6 7 8 9 10 kein Schmerz – stärkste vorstellbare Schmerzen		Erwachsene, Jugendliche

12 Zu Pflegende mit kognitiven Einschränkungen können häufig keine klare Aussage zu ihren Schmerzen machen. Kreuzen Sie an, welche Krankenbeobachtung eindeutig zu einem Schmerzzustand passt.

Gesichtsausdruck/Bild	Äußerung	Passt zu einer Schmerzäußerung
	Lachen	
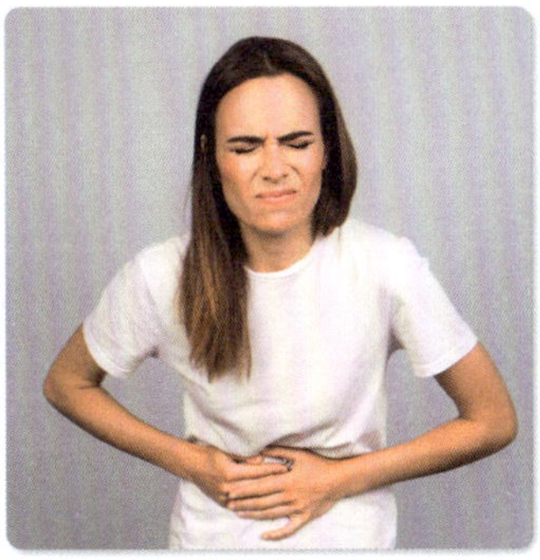	Schmerzgesicht	
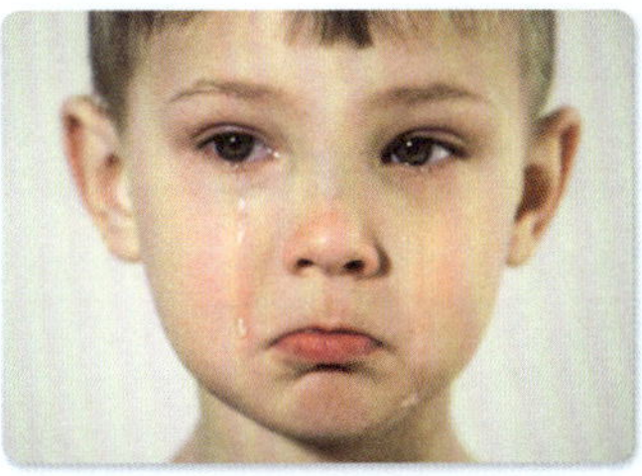	Traurig/Tränen	
	Angst	
	Wut	

11 Gynäkologie, Geburtshilfe und Pädiatrie

11.1 Sexualhormone und Hormone der Hirnanhangsdrüse

1 Beschriften Sie die Abbildung, in der die wichtigsten Hormondrüsen des Menschen abgebildet sind mit den korrekten Fachbegriffen. Ergänzen Sie im Anschluss die untere Tabelle.

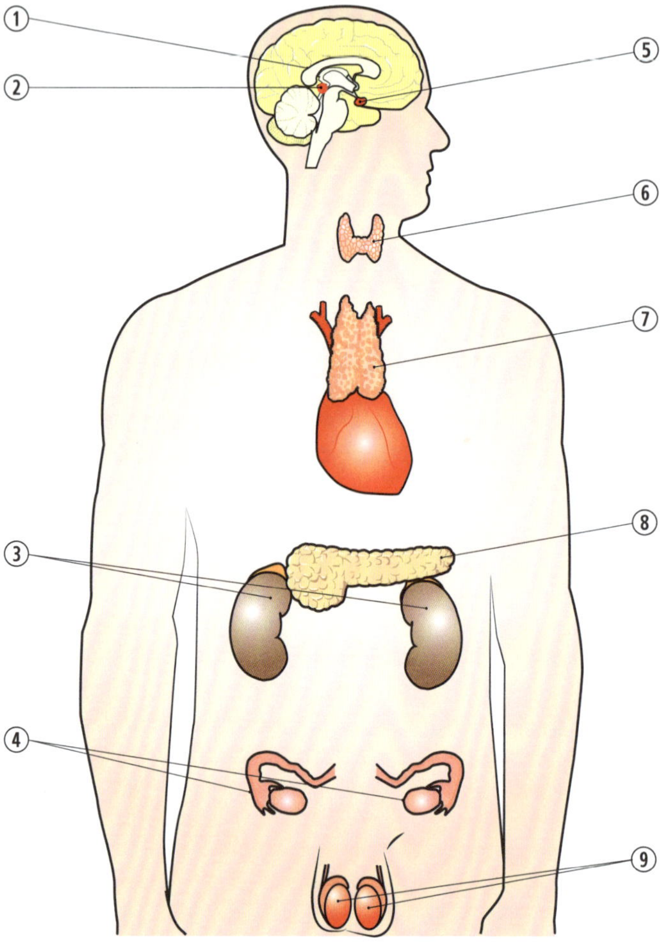

① ____________________
② ____________________
③ ____________________
④ ____________________
⑤ ____________________
⑥ ____________________
____
⑦ ____________________
⑧ ____________________
____
⑨ ____________________

Hormondrüsen	Hormonproduktion	Wirkung
1 Hypothalamus		
2 Hypophyse		

Hormondrüsen	Hormonproduktion	Wirkung
3 Schilddrüse		
4 Nebennieren		
5 Ovarien		
6 Epiphyse		
7 Nebenschilddrüsen		
8 Thymus		
9 Pankreas		
10 Hoden		

11.2 Physiologische Schwangerschaft

1 Ergänzen Sie den unteren Lückentext mit den korrekten Fachbegriffen. Nutzen Sie die vorgegebenen Begriffe.

Eileiter, Embryoblast, Organogenese, Gravidität, Ernährung, Embryo, Fetus (auch Foetus), Plazentaschranke, schädigende Einflüsse, Morula, Trimenon, Menstruationsblutung, Zygote, Einnistung

Die physiologische Schwangerschaft wird in drei Abschnitte unterteilt. Die einzelnen Abschnitte nennt man ______________ . Die Schwangerschaft wird allgemein als ______________ bezeichnet, sie beträgt 280 Tage und wird ab dem ersten Tag der letzten ______________ berechnet.

Bereits einige Stunden, nachdem die Zellkerne von Ei- und Samenzelle zur ______________ verschmolzen sind, beginnen die ersten Zellteilungen. Die erste beerenförmige Zellkugel nennt man ______________ . Sie wandert durch den ______________ bis zur Gebärmutter und teilt sich auf ihrem Weg bis zur Blastozyste. In ihr sind die Keimanlagen enthalten, aus denen der ______________ gebildet wird und als ______________ bezeichnet wird. Die Keimanlage ist von einer Hülle umgeben, welche nach der ______________ (Nidation) der Ernährung des Embryos dient und aus dem sich die Plazenta entwickelt.

Im zweiten Schwangerschaftsabschnitt wird das Ungeborene nicht mehr Embryo, sondern ______________ genannt. Die ______________ , also die Ausbildung aller Organe, ist abgeschlossen und es vollzieht sich die Organreifung. In dieser Zeit ist das Ungeborene besonders anfällig für ______________ wie Alkohol, Nikotin, Umweltgifte etc.

Die Plazenta dient nicht nur der ______________ des Säuglings, sie ist auch ein Filter, welcher mütterliches und kindliches Blut trennt. Sie dient als immunologische Barriere und wird „______________" genannt.

2 Nennen Sie bitte mindestens drei sichere Schwangerschaftszeichen.

____

____

____

____

____

____

____

____

3 Beschriften Sie die Phasen der Einnistung der befruchteten Eizelle in der unteren Abbildung mit den fachlich korrekten Bezeichnungen.

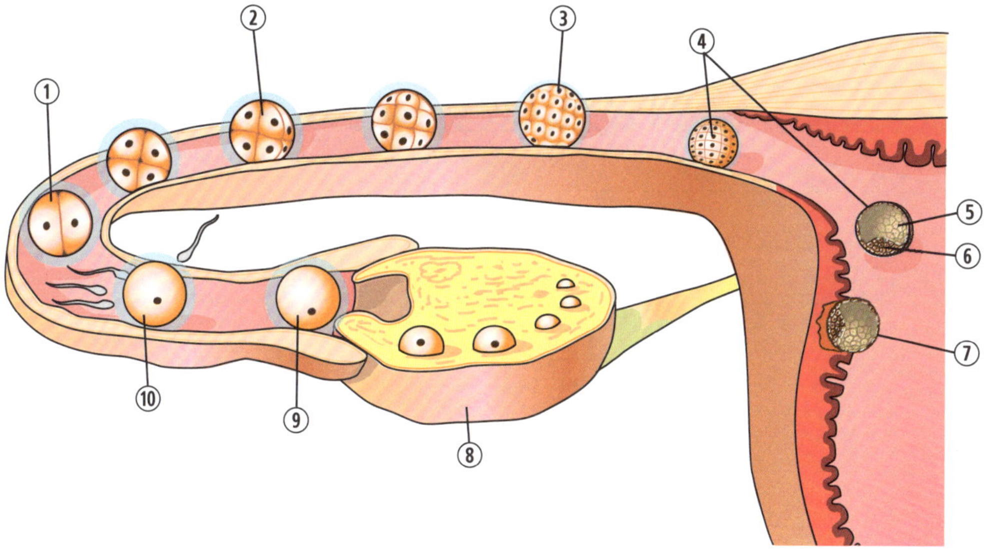

① ______________________	⑥ ______________________
② ______________________	⑦ ______________________
③ ______________________	⑧ ______________________
④ ______________________	⑨ ______________________
⑤ ______________________	⑩ ______________________

4 Was beinhaltet die Schwangeren-Vorsorgeuntersuchung? Füllen Sie die Gedankenblasen im unteren Bild aus.

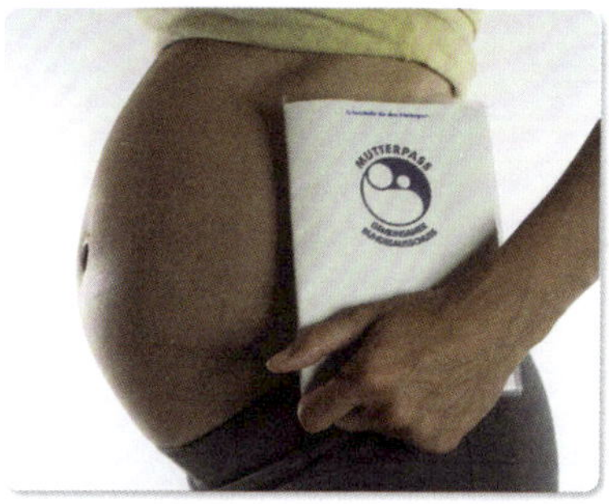

11.3 Schwangerschaftsbedingte Erkrankungen

1 Ergänzen Sie zu den unten aufgeführten schwangerschaftsbedingten Erkrankungen (Gestosen) Symptome, potenzielle Probleme sowie Therapie- und Pflegeschwerpunkte.

	Symptome/Probleme	Therapie/Pflege
Hyperemesis gravidarum		
Schwangerschafts-induzierte Hypertonie (SIH)		
HELP-Syndrom		

11.4 Die Geburt des Kindes

1 Ergänzen Sie den Lückentext. Nutzen Sie die vorgegebenen Begriffe.

Austreibungsperiode, Blasensprung, spontane Entbindung, Durchtrennung der Nabelschnur, Plazentaperiode, Wehen, verkleinern, Eröffnungsperiode, reifen, vollständig, lösen, Plazenta, Presswehen

Die physiologische Geburt ist die ______________________ der Schwangeren von einem ______________, normalgewichtigen Kind in vorderer Hinterhauptslage nach einer Schwangerschaftsdauer von 38–42 Wochen.

Der Geburtsverlauf wird in drei Perioden eingeteilt. Die ______________________ ist gekennzeichnet durch das Einsetzen regelmäßiger Wehen und/oder durch einen ______________________.

Die ______________ dieser Periode sollen den Muttermund weiten. Diese Periode ist abgeschlossen, wenn der Muttermund ______________________, also 10–12 cm geöffnet ist.

Die zweite Periode ist die ______________________. In dieser Periode setzen die ______________________ ein und das Kind wird mithilfe der Wehentätigkeit durch den Geburtskanal geschoben. Diese Phase schließt mit der vollständigen Geburt des Kindes und der ______________________ ______________________ ab.

Einige Minuten nach der Geburt setzen erneut Wehen ein, welche den Uterus ______________________ und die Plazenta von der Uteruswand ______________________. Diese Periode nennt man Nachgeburts- und ______________________. Die Hebamme kontrolliert die Vollständigkeit der ______________________ und versorgt die Wöchnerin und das Neugeborene, bis Mutter und Kind auf die Wöchnerinnenstation verlegt werden können.

2 Bitte nennen Sie die Maßnahmen der Erstversorgung eines Säuglings nach der Geburt und vervollständigen Sie die Tabelle.

______________ ______________	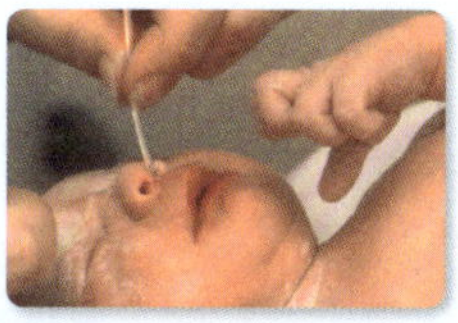	______________ ______________	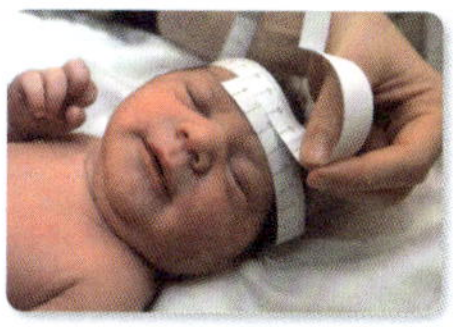
______________ ______________	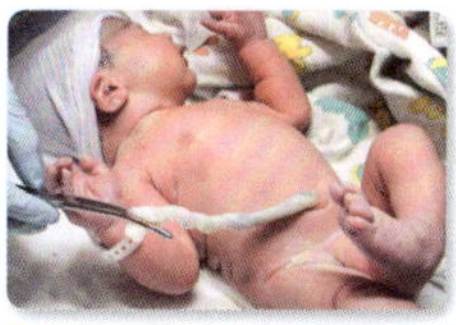	______________ ______________	… anhand des ABGAR-Schemas
______________ ______________	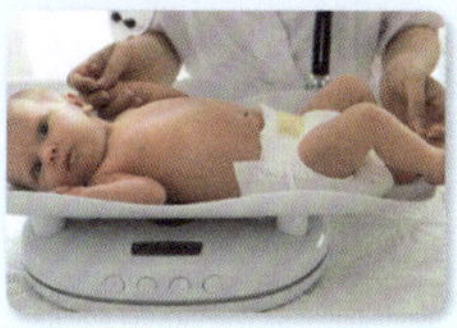	______________ ______________	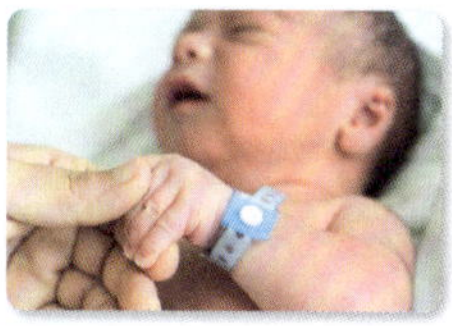 

11.4 Die Geburt des Kindes

2 Sie sollen eine Wöchnerin nach unauffälliger Geburt und Postplazentaperiode aus dem Kreißsaal abholen. Welche Informationen benötigen Sie von der Hebamme? Tragen Sie Stichpunkte in die leeren Gedankenblasen ein.

Übernahme der Wöchnerin

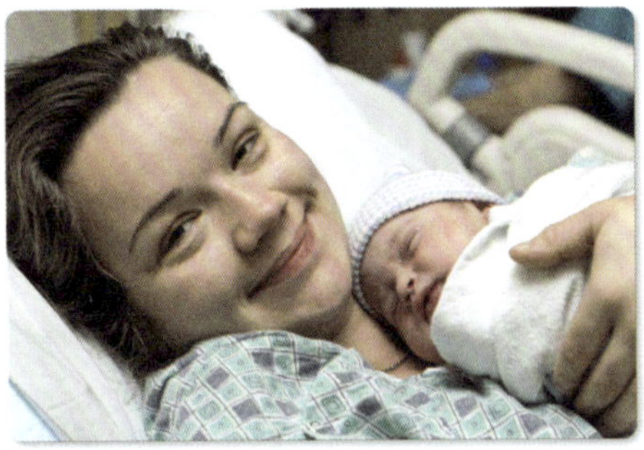

11.5 Das Wochenbett und Stillen

1 Kreuzen Sie die richtigen Aussagen zur Wochenbettpflege an.

	Lochien ist das uterine Wundsekret nach der Geburt.
	Das Puerperium dauert ca. 6–8 Wochen.
	Puerperalfieber nennt man auch Kindbettfieber.
	Wegen der Geburtsanstrengungen sollte die Wöchnerin mindestens zwei Tage nach der Geburt im Bett bleiben.
	Die Wöchnerin sollte ihre Brust mindestens einmal täglich mit klarem Wasser ohne Zusätze waschen.
	Die Wöchnerin sollte lieber duschen statt baden.
	Eine Mastitis ist ein Stau des Lochienabflusses.
	Eine Mastitis puerperales ist eine Entzündung des Brustdrüsengewebes aufgrund eines Milchstaus oder bakterieller Besiedlung über Mikrorisse in der Brustwarze.
	Um einer Blasenentleerungsstörung vorzubeugen, wird die Wöchnerin alle 4–6 Stunden nach der Geburt einmal katheterisiert.
	Kindbettfieber wird durch bakterielle Infektion der Geburtswunde verursacht.
	Damit sich Mutter und Kind wohlfühlen, sollte die Wöchnerin auf parfümierte Pflegeprodukte verzichten, denn diese irritieren den Geruchssinn des Kindes und können zu Irritationen der Haut führen.
	Ein Lochialstau ist gekennzeichnet durch den frühzeitigen Rückgang des Lochienflusses, Fieber, Schmerzen im Bauch und Uterus.
	Stillen fördert die Uterusrückbildung.
	Stillen fördert die Uterusrückbildung nicht.
	Stillen fördert die Mutter-Kind-Beziehung.
	Die Mutter benötigt nach der Geburt Ruhe, daher ist Rooming-in erst am 2. Tag möglich.
	Rooming-in fördert die Mutter-Kind-Beziehung.
	Stillen ist altmodisch und wird nicht mehr empfohlen.
	Wegen der erhöhten Thrombosegefahr sollte die Wöchnerin spätestens 4–8 Stunden nach der Geburt aufstehen.

11.5 Das Wochenbett und Stillen

2 Nennen Sie mindestens jeweils fünf Vorteile des Stillens und der Muttermilchernährung. Tragen Sie diese in die Gedankenblasen ein.

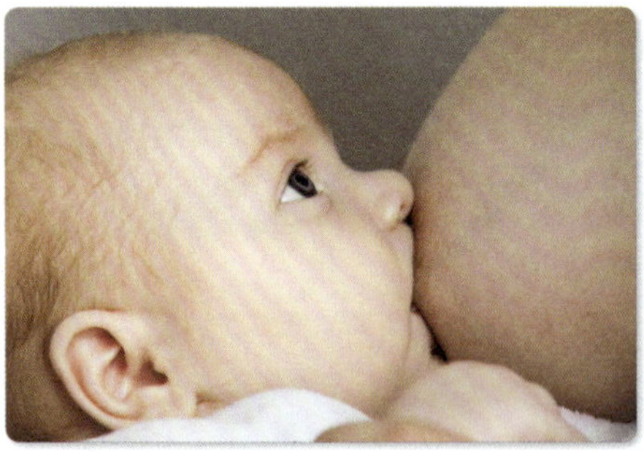

11.6 Pflege des kranken Kindes

1 Unten sehen Sie eine Auswahl an typischen Krankheitsbildern im Kindesalter.
Leiten Sie anhand der Symptome Pflegeprobleme und pflegerische Maßnahmen ab.

Mumps (Parotitis epidemica)

Symptome:
- Fieber
- schmerzhafte Schwellung
- der Ohrspeicheldrüse
- Schmerzen beim Kauen

Pflegeprobleme:

Pflegerische Maßnahmen:

Keuchhusten (Pertusis)

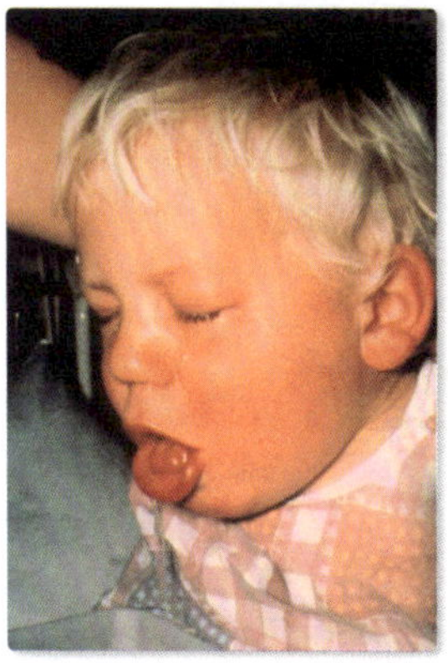

Symptome:
- körperliche Schwäche
- anfallartiger Husten mit Dyspnoe
- Apnoe
- Auswurf mit Erbrechen
- kein Fieber

Pflegeprobleme:

Pflegerische Maßnahmen:

Scharlach

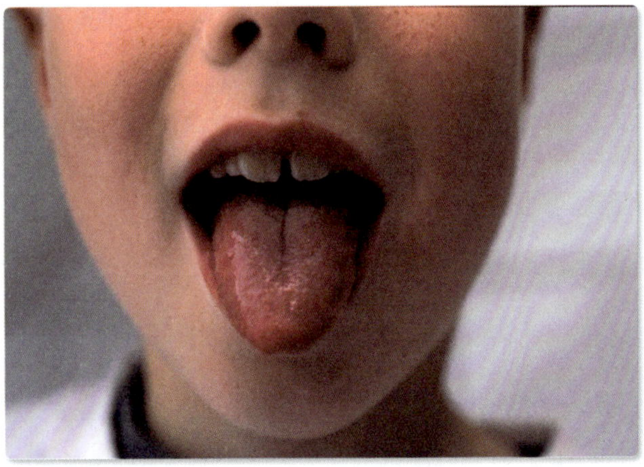

Symptome:
- hohes Fieber
- Kopf- und Halsschmerzen
- Erbrechen
- eitrige Beläge auf den Tonsillen (Mandeln)
- geschwollene himbeerrote Zunge
- Hautausschlag an Oberkörper und Innenschenkeln
- Hautdefekte

Pflegeprobleme:

Pflegerische Maßnahmen:

12 Atmung

1 Beschriften Sie die anatomische Abbildung und zeichnen Sie mit verschiedenfarbigen Pfeilen den Weg der Luft bei der Ein- und Ausatmung.

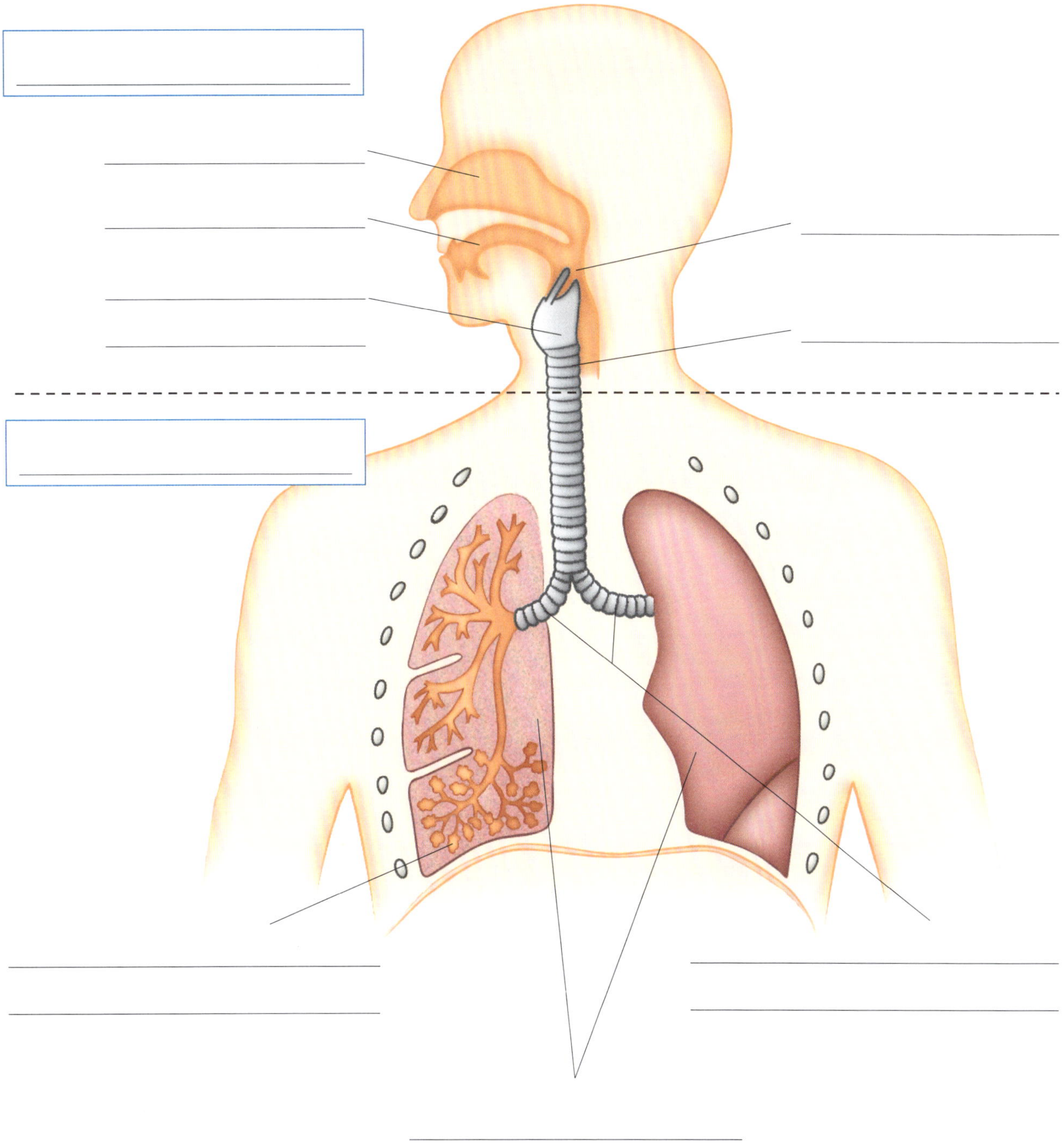

2 Sortieren Sie die anatomischen Strukturen aus dem Kasten den oberen und unteren Atemwegen zu und benennen Sie deren Funktion.

Nasen-Rachen-Raum, Lunge (Lungengewebe mit Alveolen), Stirn-, Nasennebenhöhlen, Kehlkopf, Kehldeckel, Mündung der Ohrtrompete, Luftröhre, Mundhöhle, Bronchien (Bronchialbaum mit Bronchiolen), Gaumen-, Rachenmandeln

Zu den oberen Atemwegen gehören:	Funktion(en)

Zu den unteren Atemwegen gehören:	Funktion(en)

3 Lesen Sie den Text zu Atmung und Gasaustausch.

a) Vervollständigen Sie die Lücken im Text mit den Begriffen aus dem Kasten.

> Exspiration, Inspiration, Sauerstoff, Kohlendioxid, Alveolen, innere, äußere, Zwerchfellkuppel, Atemmuskulatur, hebt, Unterdruck, Überdruck, Erythrozyten, Kapillare, Trachea, Brustkorb, erschlafft, Kontraktion

Bei der Einatmung (____________________) weitet und _____________ sich der Brustkorb durch das Zusammenziehen der ________________ Zwischenrippenmuskulatur, der sogenannten __________________________.

Das Zwerchfell zieht sich daraufhin zusammen und die _________________________ flacht ab. Die Lunge folgt dieser Bewegung und dehnt sich aus. Durch den entstandenen ____________________ strömt nun die Luft passiv über den Nasen-Rachen-Raum, Kehlkopf, Luftröhre (_______________), Bronchien bis in die ________________. Dort findet der Gasaustausch in den __________________ statt und der ___________________ aus der Atemluft wird an das Blut (______________________) abgegeben. Gleichzeitig wird das _____________________ aus dem Blut an die Alveolen abgegeben und kann abgeatmet werden.

Die Ausatmung (______________________) erfolgt durch _______________________ (Zusammenziehen) der __________________ Zwischenrippenmuskulatur, und der _____________________ (Thorax) senkt sich ab. Das Zwerchfell ___________________ und die Zwerchfellkuppel wölbt sich in den Brustraum. Durch den entstandenen _____________________ strömt die Ausatemluft aus der Lunge aus und der Prozess beginnt von vorne.

b) Beschriften Sie die untere Abbildung mit den Begriffen „Inspiration (Einatmung)“ und „Exspiration (Ausatmung)“ und malen Sie die Position der Zwerchfellkuppel bei Inspiration (blau) und bei Exspiration (rot) an.

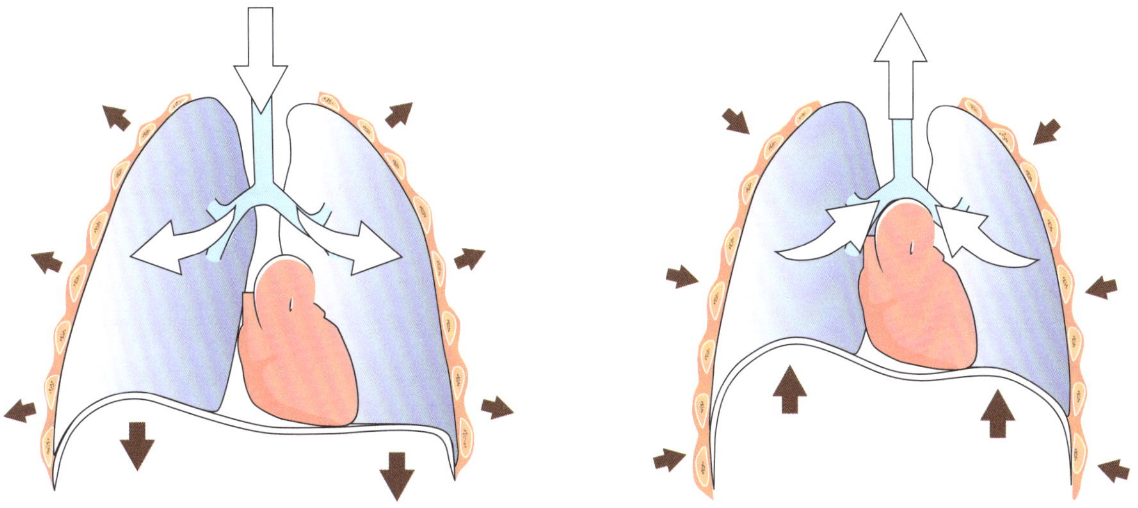

_______________________________________ _______________________________________

4 Geben Sie die Fachbegriffe für die beschriebenen Kriterien zur Atembeobachtung an und erläutern Sie stichpunktartig die physiologischen und pathologischen Werte.

Kriterien	Fachbegriff	Erläuterung
gibt die Anzahl der Atemzüge pro Minute an		
beschleunigte Atmung		
verlangsamte Atmung		
Atemstillstand		
charakterisiert die Geräusche, die während der Ein- oder Ausatmung auftreten können		
ist durch pfeifende Atemgeräusche charakterisiert		
charakterisiert die zeitliche Abfolge oder den Takt des Atemvorgangs (regelmäßig, unregelmäßig, gleichmäßig, ungleichmäßig)		

5 Lesen Sie das nachfolgende Fallbeispiel.

Frau Gudson ist 74 Jahre alt und vor 4 Wochen im Pflegeheim „Unter den Linden" gestürzt. Sie kam mit Verdacht auf eine Schenkelhalsfraktur ins Krankenhaus und wurde dort operativ mit einer TEP (Totalendoprothese) des rechten Hüftgelenks versorgt. Bereits in der Klinik arbeitete sie nicht gut bei den therapeutischen und pflegerischen Maßnahmen mit und verbrachte die meiste Zeit im Bett. Sie hatte Schmerzen und Angst, erneut zu stürzen. Frau Gudson ist glücklich, wieder in ihrer Pflegeeinrichtung zu sein. Leider ist sie seit der Rückkehr aus dem Krankenhaus nur selten aufgestanden und geht lediglich mit Begleitung auf die Toilette.
Heute Morgen ist Frau Gudson noch mit Ihnen zur morgendlichen Körperpflege ins Bad gekommen. Sie wirkte etwas schlapp und unmotiviert auf Sie. Heute Mittag wollte Frau Gudson nicht essen und beklagte Husten und starke Abgeschlagenheit. Frau Gudson atmete schwer und gab an, zu frieren. Sie haben sie mit einem heißen Tee und einer weiteren Decke versorgt. Nach ca. 60 Minuten, vor Ihrem Schichtwechsel, haben Sie nochmals nach Frau Gudson gesehen. Sie hustete und schwitzte stark und gab an, sich schwach zu fühlen, das Atmen fiel ihr schwer und das Abhusten des Bronchialsekrets bereitete ihr Schmerzen. Die Kontrolle der Körpertemperatur ergab einen Wert von 39,8 °C, Puls und Atmung waren beschleunigt.

a) Arbeiten Sie die Krankheitszeichen (Symptome) im Text heraus und überlegen Sie, auf welche Erkrankung diese hinweisen. Verwenden Sie Fachausdrücke.

Krankheitszeichen:

____

____

____

Mögliche Erkrankung:

____

____

____

b) Erstellen Sie auf der Grundlage der gegebenen Probleme und Ressourcen eine Pflegeplanung für Frau Gudson.

Probleme	Ziele	Maßnahmen
A: Aktuelles Problem Frau Gudson hat Fieber und schwitzt stark.		

Probleme	Ziele	Maßnahmen
P: Potenzielle Probleme Es besteht die Gefahr • der Exsikkose • des Intertrigo • des Kreislaufkollaps • der Zystitis		
A: Aktuelles Problem Patientin hat Schmerzen beim Husten und Atmen.		

Probleme	Ziele	Maßnahmen
P: Potenzielle Probleme Schonatmung aufgrund der Schmerzen beim Atmen. • Gefahr des Sekretstaus/Pneumonie R: Patientin hat gute Adhärenz und kann den Sinn der therapeutisch-pflegerischen Maßnahmen verstehen		
A: Aktuelles Problem Patientin bewegt sich wenig. Es besteht die Gefahr: • der Immobilisierung • des Dekubitus • der Thrombose • der Kontraktur		

A: aktuelles Problem, P: potenzielles Problem, PT = Physiotherapie, AVO = Arztverordnung

6 **a)** Arbeiten Sie im Team (max. 4 Personen) und beschreiben Sie die Vorbereitung und Durchführung der folgenden Pflegemaßnahmen und setzen Sie diese dann praktisch um. Demonstrieren Sie Ihre Ergebnisse der Klasse.

Atemstimulierende Einreibung	Vorbereitung	Durchführung
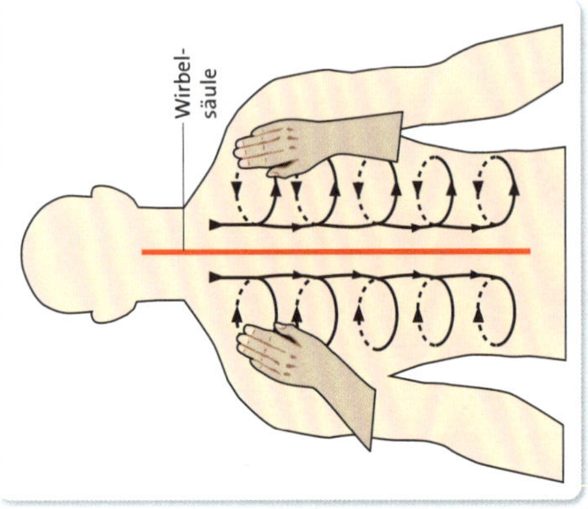		

Atemerleichternde Positionierung	Durchführung
Kutschersitz Variante 1 Variante 2 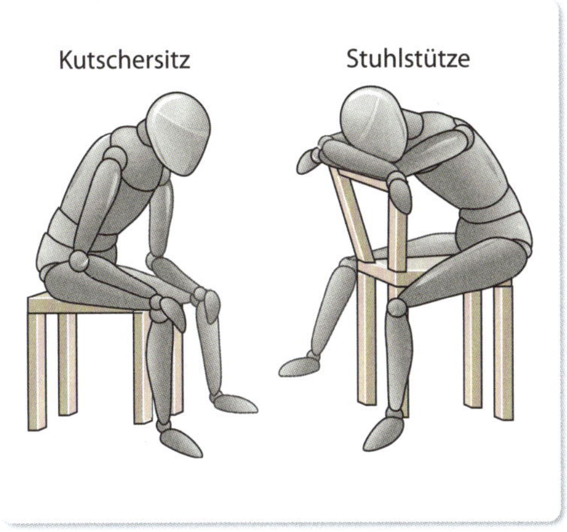	
Oberkörperhochlagerung 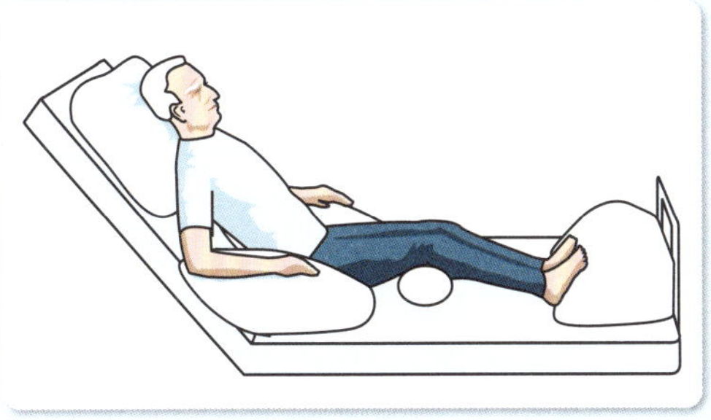	
T-Lagerung 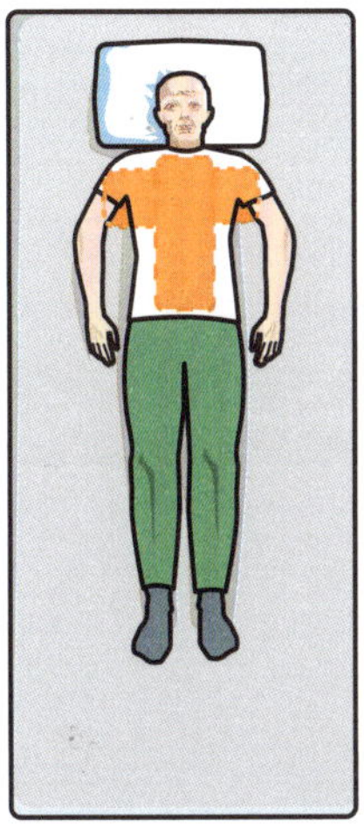	

b) Geben Sie eine Rückmeldung zur Umsetzung der **„atemstimulierenden Einreibung“**.

Selbstreflexion: **„Das ist mir besonders gut gelungen …“**	**Fremdeinschätzung:** **„Das ist dir besonders gut gelungen …“**

Selbstreflexion: **„Das würde ich anders machen …“**	**Fremdeinschätzung:** **„Das könntest du anders machen …“**

c) Geben Sie eine Rückmeldung zur Umsetzung der **„atemerleichternden Positionierungen“**.

Selbstreflexion: **„Das ist mir besonders gut gelungen …“**	**Fremdeinschätzung:** **„Das ist dir besonders gut gelungen …“**

Selbstreflexion: **„Das würde ich anders machen …“**	**Fremdeinschätzung:** **„Das könntest du anders machen …“**

13 Kompetenzraster „Herz-Kreislauf-System“

Arbeitsauftrag: Erarbeiten Sie selbstständig mithilfe von Büchern, Texten, Internet, Arbeitsblättern etc. das Thema „Herz-Kreislauf-System“

In jedem Tabellenfeld der Niveaustufen finden Sie Aufgaben, die zu Ihrem jeweiligen Kompetenzbereich/Lernziel hinführen. Arbeiten Sie nach und nach die einzelnen Felder ab. Zu manchen Aufgaben finden Sie Arbeitsblätter, bei anderen müssen Sie selbst Material zusammenstellen.

Legen Sie einen **Ordner** an, in dem Sie Ihre Ergebnisse, z. B. Arbeitsblätter, Zeichnungen etc. sammeln. Dies dient der individuellen Überprüfung und Einschätzung Ihrer Leistung. Sie belegen, was Sie bereits können und was Sie noch für verbesserungswürdig halten. Der Ordner dient der Selbstbeobachtung, -bewertung und der Sammlung von Ergebnissen, Arbeitsblättern und eigenständigen Arbeiten. Ihre Lehrkraft gibt Ihnen regelmäßig ein Feedback zu Ihrem Ordner und Lernzuwachs.

Kompetenzraster Herz-Kreislauf-System

Niveaustufen/ Teilkompetenzen	Informieren	Planen	Entscheiden	Ausführen	Kontrollieren	Bewerten
Kompetenzbereich	**1** **Ich kann …**	**2** **Ich kann …**	**3** **Ich kann …**	**4** **Ich kann …**	**5** **Ich kann …**	**6** **Ich kann …**
A. Funktion und Aufbau des Herzkreislaufsystems verstehen, erläutern und Zusammenhänge erkennen und beurteilen.	… den anatomischen Aufbau, die Lage, die Größe des Herzens sowie die Funktion des Herz-Kreislauf-Systems am Modell erklären. ❑ AB 1 Unterschrift Mitschüler/-in __________	… die physiologischen Vorgänge am Herzen erläutern, Diastole und Systole benennen. ❑ AB 2 Unterschrift Mitschüler/-in __________	… die Reizleitung am Herzen erläutern, die elektrischen Leitungsbahnen am Modell zeichnerisch darstellen und mit den korrekten Fachbegriffen beschriften. ❑ AB 3 Unterschrift Mitschüler/-in __________	… die Blutruckmessung korrekt durchführen. ❑ AB 4 Unterschrift Mitschüler/-in __________	… mögliche Fehlerquellen bei der Blutdruckmessung erkennen und benennen. ❑ AB 4 Unterschrift Mitschüler/-in __________	… die WHO – Blutdruckwerte der Normo-, Hypo- und Hypertonie richtig zuordnen. ❑ AB 2 Unterschrift Mitschüler/-in __________

Niveaustufen/ Teilkompetenzen	Informieren	Planen	Entscheiden	Ausführen	Kontrollieren	Bewerten
Kompetenzbereich	**1** **Ich kann …**	**2** **Ich kann …**	**3** **Ich kann …**	**4** **Ich kann …**	**5** **Ich kann …**	**6** **Ich kann …**
B. Funktion und Aufbau des Gefäßsystem und des Bluts sowie physiologische Zusammenhänge zwischen Atmung und Herz-Kreislauf-system erkennen und beurteilen.	… den Aufbau der Arterien und Venen zeichnerisch darstellen, mit Fachbegriffen beschriften und die anatomischen Unterschiede erläutern. ❏ AB 5 Unterschrift Mitschüler/-in	… die Pulsmessorte mit dem Namen des dazugehörigen Blutgefäßes (Fachausdruck) benennen, lokalisieren und den Pulswert bei einem Mitschüler ermitteln. ❏ AB 6 Unterschrift Mitschüler/-in/LK	… den Aufbau sowie die Funktion des Blut- und Gefäßsystems anhand einer virtuellen Reise eines Sauer-stoffmoleküls durch den Körper beschreiben/erklären. ❏ AB 7 Unterschrift Mitschüler/-in	…, die Blutdruck- und Puls-werte bei unterschiedlicher Belastung ermitteln und doku-mentieren. ❏ AB 8 Unterschrift Mitschüler/-in/LK		den Zusammenhang zwischen Atmung und Herz-kreislaufsystem bei unter-schiedlicher Belastung erläutern. ❏ AB 8 Unterschrift Mitschüler/-in/LK
C. Menschen mit Herzerkrankungen pflegen und präventiv beraten.	… die Ursachen, Risikofakto-ren und Leitsymptome der Links- und Rechtsherzinsuffi-zienz unterscheiden und erläutern. ❏ AB 9 Unterschrift Mitschüler/-in	… Folgeerkrankungen der Rechts- und Linksherz-insuffizienz ableiten und erklären. ❏ AB 10 Unterschrift Mitschüler/-in	… die wichtigsten Pflege-maßnahmen bei Herz-insuffizienz in einer Pflege-planung zusammenfassen. ❏ AB 11 Unterschrift Mitschüler/-in	… einen Flyer oder ein Bera-tungsgespräch zur „Herzge-sunden Lebensführung“ anfer-tigen / führen und präsentieren. ❏ AB 12 Unterschrift Mitschüler/-in/LK		… eine Rückmeldung geben. ❏ AB 12 Unterschrift Mitschüler/-in/LK
D. Menschen mit Erkrankungen des Gefäßsystems pflegen und präventiv beraten.	… die Ursachen für die Entstehung von Gefäß-erkrankungen des arteriellen und venösen Gefäßsystems erläutern. ❏ AB 13 Unterschrift LK	… Symptome und Folgen der pAVK und Varikosis erläutern. ❏ AB 14 Unterschrift Mitschüler/-in	… therapeutische und pflegerische Maßnahmen tabellarisch darstellen und erklären und präsentieren. ❏ AB 15 Unterschrift LK	….ein Aufklärungsplakat zu „Rauchen gefährdet Ihre Gesundheit“ erstellen und präsentieren. Oder einen 3-5 Minuten Aufklärungsfilm zum Thema „Rauchen gefährdet Ihre Gesundheit“ drehen und präsentieren. ❏ AB 16 Unterschrift LK		… eine Rückmeldung geben. ❏ AB 16 Unterschrift Mitschüler/-in/LK

Aufgaben zu Arbeitsblatt 1, Thema A1 im Kompetenzraster Herz-Kreislauf-System

1 a) Beschriften Sie das Herzmodell mit den deutschen (optional mit lateinischen) Fachausdrücken.
b) Zeichnen Sie die Gefäße farbig (Venen blau und Arterien rot) und zeichnen Sie den Fluss des Bluts durch das Herz mit blauen (sauerstoffarmes Blut) und roten (sauerstoffreiches Blut) Pfeilen ein.

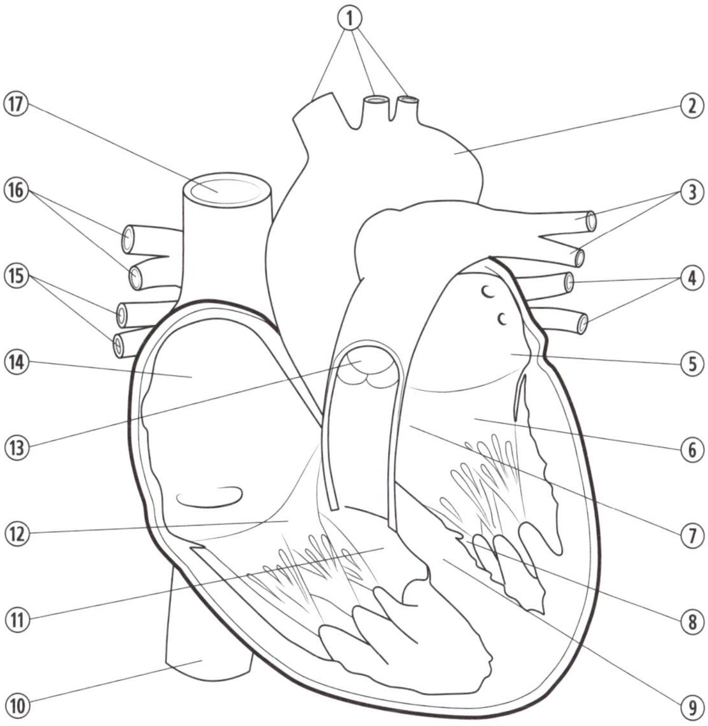

① ______
② ______
③ ______
④ ______
⑤ ______
⑥ ______
⑦ ______
⑧ ______
⑨ ______
⑩ ______
⑪ ______
⑫ ______
⑬ ______
⑭ ______
⑮ ______
⑯ ______
⑰ ______

2 Beschreiben Sie die Lage, den Aufbau und Größe des Herzens sowie die Aufgaben des Herz-Kreislauf-Systems.

Arbeitsblatt 2, Thema A2/A6 im Kompetenzraster Herz-Kreislauf-System

1 Lesen Sie den Text zum Thema „physiologische Vorgänge am Herzen und Blutdruck"

Das Herz pumpt das Blut in den gesamten Organismus und versorgt so alle Organe und Zellen des Körpers mit Sauerstoff, Hormonen und Nährstoffen. Der Herzmuskel kontrahiert und erschlafft im rhythmischen Wechsel. Die Kontraktionsphase heißt Systole und presst das Blut aus den Herzhöhlen, die Erschlaffungsphase heißt Diastole und lässt durch den entstandenen Unterdruck Blut in die Herzkammern fließen. Systole und Diastole wechseln sich kontinuierlich ab und so wird der Blutfluss im Herz-Kreislaufsystem konstant gesteuert. Die Blutgefäße bilden das Verteilungsnetz im Herz-Kreislaufsystem. Blutgefäße, die vom Herzen weg führen, heißen Arterien und Blutgefäße die zum Herzen hin führen Venen. Das gesamte Herz-Kreislaufsystem besteht aus zwei Kreisläufen:

- dem großen Kreislauf (= Körperkreislauf)
- dem kleinen Kreislauf (= Lungenkreislauf).

Das Herz verbindet beide Kreisläufe, sie arbeiten parallel und funktionieren als Einheit. In den Körperkreislauf wird sauerstoffreiches Blut aus dem linken Ventrikel in die Aorta gepumpt und über Arterien, Arteriolen und Kapillare bis an die Zellen verteilt. Die Kapillare stellen das Bindeglied beider Kreisläufe dar, denn sie nehmen Stoffwechselendprodukte und Kohlendioxid auf. Die Venolen und Venen auf der anderen Seite transportieren diese Abbauproduckte zum rechten Herzen. Damit alle Gewebe des Körpers ausreichend mit Blut versorgt werden, muss das Blut mit einem gewissen Druck in die Arterien gepumpt werden. Der Blutdruck ist abhängig von:

- der Pumpkraft des Herzens
- der Menge des ausgeworfenen Bluts pro Herzschlag
- der Flüssigkeitsmenge in den Gefäßen
- der Viskosität (Fließeigenschaft) des Bluts
- dem Gefäßwiderstand (Elastizität und Weite der Blutgefäße)

Die **Systole** ist der höchste Druck, der auf den Gefäßwänden lastet, beim Ausstoßen des Bluts aus dem Herzen und liegt normativ (normal) zwischen 120 und 130 mmHG.

In der **Diastole** liegt der Blutdruck normativ zwischen 60 und 80 mmHG bei Erwachsenen. Diese Werte wurden von der WHO (Weltgesundheitsorganisation) auf der Basis von Studien so beschrieben. Eine Hypertonie (Bluthochdruck) liegt bei Werten von 140/90 mmHG und höher vor. Eine Hypotonie (zu niedriger Blutdruck) liegt bei Werten von 110/60 mmHG und weniger vor. Durch den bestehenden Unterdruck in den Vorhöfen, fließt das Blut über die untere/obere Hohlvene (vena cava inferior/superior) während der Diastole in das rechte Atrium und aus den Pulmonalvenen in das linke Atrium. Die Segelklappen sind geöffnet und lassen das Blut in die Ventrikel. Während der Systole sind die Taschenklappen geöffnet und durch den hohen Druck wird das Blut aus den Ventrikeln in die Arterien (Pulmonalarterie und Aorta) gepresst. Diastole und Systole lassen sich auch als rhythmischen Herzschlag wahrnehmen oder als Puls oder Blutdruckwert messen.

Aufgaben zu Arbeitsblatt 2, Thema A2/A6 im Kompetenzraster Herz-Kreislauf-System

1 Erläutern Sie die physiologischen Vorgänge am Herzen während der Systole und Diastole.

Diastole:

____

____

____

____

____

____

Systole:

____

____

____

____

____

____

2 Beurteilen Sie die Blutdruckwerte für Erwachsene in der unteren Tabelle und sortieren Sie die entsprechenden Fachbegriffe (Hypotonie, Hypertonie, Normoton) laut WHO zu. Recherchieren Sie zusätzlich die Normalwerte für Säuglinge, Kinder, Jugendliche und stellen Sie diese in einer Tabelle dar.

Systolischer Wert (mmHG)	Diastolischer Wert (mmHG)	Einschätzung
125	70	
140	90	
110	60	
100	65	
180	100	
130	80	
Systolischer Wert (mmHG)	**Diastolischer Wert (mmHG)**	**Alter**
		Säuglinge
		(Schul)kinder
		Jugendliche

Arbeitsblatt 3, Thema A3 im Kompetenzraster Herz-Kreislauf-System

1 Zeichnen Sie in die anatomische Abbildung des Herzens das Reizleitungssystem ein und beschriften Sie dieses mit den richtigen Fachausdrücken.

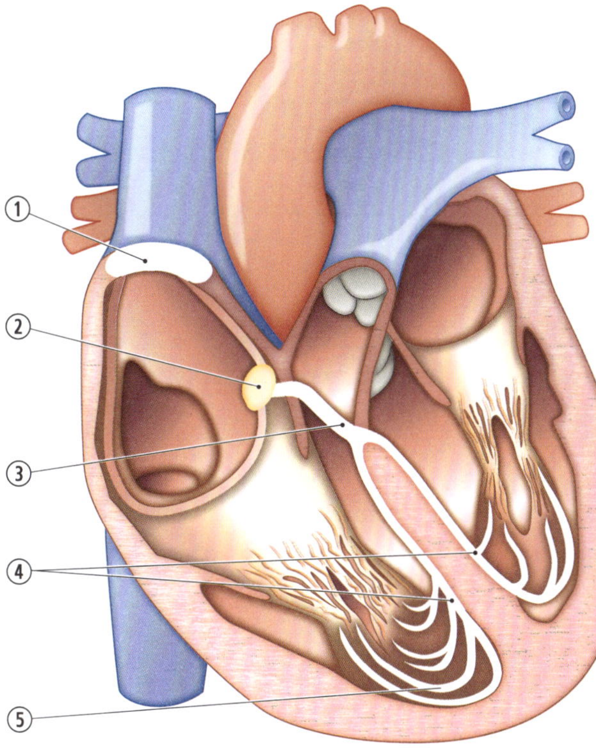

① ______________________________

② ______________________________

③ ______________________________

④ ______________________________

⑤ ______________________________

2 Erläutern Sie die Reizleitung am Herzen stichpunktartig.

Arbeitsblatt 4, Thema A4/A5 im Kompetenzraster Herz-Kreislauf-System

1 Benennen Sie mögliche Fehlerquellen bei der Blutdruckmessung.

2 Führen Sie eine RR-Messung bei mindestens drei Ihrer Mitschüler oder Mitschülerinnen durch und notieren Sie die gemessenen Werte von Ihnen und Ihren Mitschülern oder Mitschülerinnen. Ermitteln Sie den Durchschnittswert.

Namen	RR-Werte
Durchschnittswert	

Arbeitsblatt 5, Thema B1 im Kompetenzraster Herz-Kreislauf-System

1 Beschriften Sie den Aufbau von Venen und Arterien mit den (lateinischen) Fachbegriffen.

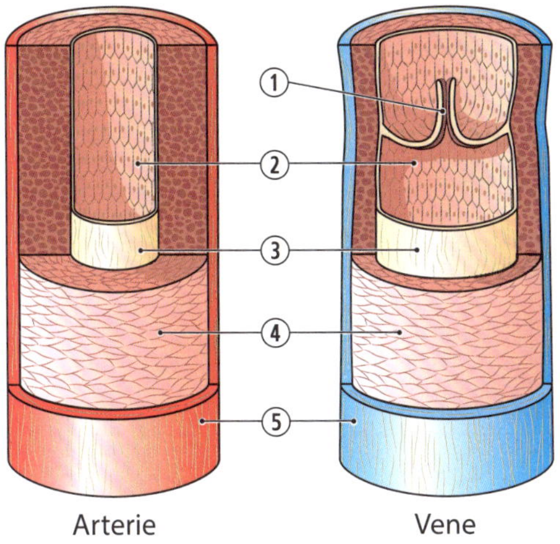

① ______________________

② ______________________

③ ______________________

④ ______________________

⑤ ______________________

2 Erläutern Sie die Funktionsweise und die anatomischen Unterschiede von Venen und Arterien.

3 Erläutern Sie die Rolle der „Muskelpumpe“ in Bezug auf die Funktion von Venen.

Arbeitsblatt 6, Thema B2 im Kompetenzraster Herz-Kreislauf-System

1 Beschriften Sie die gekennzeichneten Pulsmessorte mit den entsprechenden Fachbegriffen.

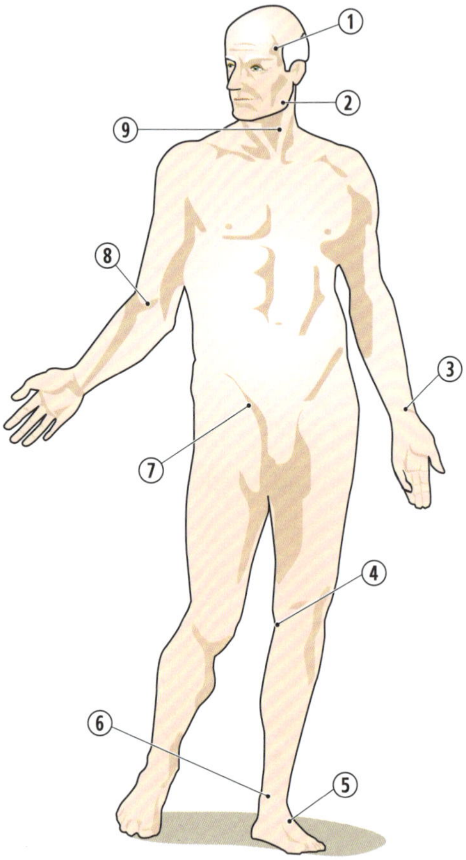

① ______________________________

____

② ______________________________

____

③ ______________________________

____

④ ______________________________

____

⑤ ______________________________

____

⑥ ______________________________

____

⑦ ______________________________

⑧ ______________________________

____

⑨ ______________________________

____

2 Messen Sie den Puls und tragen Sie die gemessenen Pulswerte von mindestens 3 Mitschülern oder Mitschülerinnen in die untere Tabelle ein. Präsentieren Sie die Ergebnisse und führen Sie die Technik des Pulsmessens praktisch vor.

Name des Schülers	Pulsmessort	Gemessener Puls
Durchschnittswert		

Arbeitsblatt 7, Thema B3 im Kompetenzraster Herz-Kreislauf-System

1 Schreiben Sie eine kleine Geschichte mit der Überschrift „Die Reise des Sauerstoffmoleküls namens „Blue“ durch den Körper“. Beginnen Sie mit der Nase.

Arbeitsblatt 8, Thema B4/B6 im Kompetenzraster Herz-Kreislauf-System (Praxis)

1 Arbeiten Sie in Partnerarbeit. Messen Sie zunächst Blutdruck- und Pulswerte in Ruhe, sitzend auf dem Stuhl (beide Partner). Laufen Sie dann zehnmal die Treppe herauf und herunter (Partner 1 läuft, der andere wartet/später wechseln die Rollen). Messen Sie danach die Blutdruck- und Pulswerte erneut und tragen Sie alle Werte in die untere Tabelle ein.

Name	RR-systolisch	RR-diastolisch	Puls	Bemerkung, z. B. Sport, in Ruhe, Aufregung etc.

2 Erläutern Sie den Zusammenhang zwischen Atmung und Herzkreislaufsystem anhand der von Ihnen festgestellten Veränderungen von Blutdruck, Puls (und Atmung) bei unterschiedlicher Belastung. Beurteilen Sie die gemessenen Vitalzeichenwerte.

Arbeitsblatt 9, Thema C1 im Kompetenzraster Herz-Kreislauf-System

1 Gestalten Sie ein individuelles Arbeitsblatt zu Ursachen, Risikofaktoren und Leitsymptomen der „Links- und Rechtsherzinsuffizienz“.

2 Erläutern Sie dieses der Klasse oder der Lehrkraft.

Arbeitsblatt 10, Thema C2 im Kompetenzraster Herz-Kreislauf-System

1 Gestalten Sie ein individuelles Arbeitsblatt zu Folgeerkrankungen der „Links- und Rechtsherzinsuffizienz". Gestalten Sie auch mit Bildern oder Zeichnungen.

2 Stellen Sie Ihre Ergebnisse einem Mitschüler oder einer Mitschülerin vor.

Arbeitsblatt 11, Thema C3 im Kompetenzraster Herz-Kreislauf-System

1 Gestalten Sie eine Pflegeplanung für zu Pflegende mit einer Herzinsuffizienz. Benennen Sie zu den vorliegenden aktuellen Problemen die möglichen potenziellen Probleme sowie Ziele und Maßnahmen. Wenn Sie mögen, erweitern Sie die Tabelle individuell mit weiteren möglichen Pflegeproblemen.

Probleme	Ziele	Maßnahmen
A: Aktuelles Problem Der Patient hat Atemnot. **P: Potenzielle Probleme** Der Patient hat Angst zu Ersticken. **P: Potenzielle Probleme** Es besteht Kollapsneigung bei körperlicher (Über) Belastung.		
A: Aktuelles Problem Der Patient neigt zu Ödemen.		

Probleme	Ziele	Maßnahmen
P: Potenzielle Probleme Gefahr der Thrombose durch verminderten Rückfluss des Bluts zum Herzen.		
A: Aktuelles Problem Aufgrund der körperlichen Schwäche liegt der Patient viel. **P: Potenzielle Probleme** Dekubitusgefahr		

A: aktuelles Problem, P: potenzielles Problem, PT = Physiotherapie, AVO = Arztverordnung

Arbeitsblatt 12, Thema C4 / C6 im Kompetenzraster Herz-Kreislauf-System

1 Gestalten Sie einen informativen und optisch ansprechenden Flyer zum Thema „Herzgesunde Lebensführung“ in Gruppenarbeit.
Optional können Sie auch ein Beratungsgespräch zu diesem Thema durchführen/gestalten. Bitte besprechen Sie dieses mit Ihrer Lehrkraft.

2 Reflektieren Sie im Anschluss die Gruppenarbeit mithilfe des vorgegebenen Rasters. Bitte geben Sie jedem Gruppenmitglied ein Feedback.

Reflexion von Gruppenarbeiten

stimmt ⟷ stimmt nicht

3 2 1 0

Arbeitsform: ________ Thema: ________	Selbsteinschätzung	Name/ Funktion ______ ______	Name/ Funktion ______ ______	Name/ Funktion ______ ______	Name/ Funktion ______ ______
Arbeitet aktiv mit					
Bemüht sich andere zur Mitarbeit zu motivieren					
Bringt mit Vorschlägen und Ideen die Gruppe voran					
Ist kompromissbereit und kann mit Kritik umgehen					
Nimmt die Meinungen anderer ernst					
Kann gut organisieren					
Trägt entscheidende Dinge zur Fertigstellung bei					
Trägt zum positiven Gruppenklima bei					
Ist hilfsbereit					
Hält sich an Absprachen					
Hält vereinbarte Zeiten ein					
Erfüllt die übertragene Rolle / Aufgabe					
Summe:					

Teamfähigkeit und Sozialkompetenz hoch ⟷ Teamfähigkeit und Sozialkompetenz niedrig

36 24 18 0

Arbeitsblatt 13, Thema D1 im Kompetenzraster Herz-Kreislauf-System

1 Erläutern Sie mögliche Ursachen der Entstehung von Gefäßerkrankungen des arteriellen (pAVK) und venösen (CVI) Gefäßsystems einer Mitschülerin oder einem Mitschüler. Gestalten Sie ein individuelles Arbeitsblatt dazu.

Arbeitsblatt 14, Thema D2 im Kompetenzraster Herz-Kreislauf-System

1 Gestalten Sie ein individuelles Arbeitsblatt zum Thema „Symptome und Folgen der pAVK und Varikosis". Präsentieren Sie Ihre Ergebnisse einem Mitschülerr oder einer Mitschülerin.

Arbeitsblatt 15, Thema D3 im Kompetenzraster Herz-Kreislauf-System

1 Stellen Sie die therapeutischen und pflegerischen Maßnahmen bei Vorliegen einer „pAVK“ und / oder „CVI“ tabellarisch dar. Präsentieren Sie Ihre Ergebnisse und erläutern Sie die Inhalte anschaulich. Verwenden Sie gerne Bilder, Grafiken etc.

Erkrankung	Therapiemaßnahmen	Pflegeschwerpunkte
pAVK		
CVI		

Arbeitsblatt 16, Thema D4/D6 im Kompetenzraster Herz-Kreislauf-System

1 Rauchen ist u. a. eine Ursache für die Entstehung chronischer Erkrankungen. Es gibt aber auch weitere Ursachen, wie Sie sie bereits in den vorangegangenen Arbeitsaufträgen erarbeitet haben.

Bitte erstellen Sie nun ein Informationsplakat oder drehen Sie einen kurzen Aufklärungsfilm zum Thema „Rauchen gefährdet Ihre Gesundheit“ oder „So schütze ich meine Blutgefäße“.

Sie dürfen gerne kreativ sein und auch umfangreicher über die Gefahren des Rauchens oder die Möglichkeiten zur Blutgefäßpflege und Vermeidung von Folgeerkrankungen aufklären. Bearbeiten Sie den Arbeitsauftrag in der Gruppe.

2 Reflektieren Sie im Anschluss die Gruppenarbeit mithilfe des vorgegebenen Rasters.
Bitte geben Sie jedem Gruppenmitglied ein Feedback.

Reflexion von Gruppenarbeiten

stimmt ⟷ stimmt nicht

3 2 1 0

Arbeitsform: ____ Thema: ____	Selbst-ein-schät-zung	Name/ Funktion ____ ____	Name/ Funktion ____ ____	Name/ Funktion ____ ____	Name/ Funktion ____ ____
Arbeitet aktiv mit					
Bemüht sich andere zur Mitarbeit zu motivieren					
Bringt mit Vorschlägen und Ideen die Gruppe voran					
Ist kompromissbereit und kann mit Kritik umgehen					
Nimmt die Meinungen anderer ernst					
Kann gut organisieren					
Trägt entscheidende Dinge zur Fertigstellung bei					
Trägt zum positiven Gruppenklima bei					
Ist hilfsbereit					
Hält sich an Absprachen					
Hält vereinbarte Zeiten ein					
Erfüllt die übertragene Rolle / Aufgabe					
Summe:					

Teamfähigkeit und Sozialkompetenz hoch ⟷ Teamfähigkeit und Sozialkompetenz niedrig

36 24 18 0

14 Blut und Abwehrsystem

1 Nennen Sie die vier Hauptfunktionen des Bluts und erläutern Sie diese näher.

2 Vergleichen Sie die aktive mit der passiven Immunisierung und füllen Sie die Tabelle korrekt aus.

	Aktive Immunisierung	Passive Immunisierung
Was wird geimpft?		
Werden eigene Antikörper gebildet?		
Werden Gedächtniszellen gebildet?		
Wie dauerhaft ist die Impfwirkung?		
Wann wird geimpft?		

3 Lösen Sie das Kreuzworträtsel.

1. Welche Blutzelle wird auch weißes Blutkörperchen genannt?
2. Diese Zelle des Bluts transportiert Sauerstoff
3. Man nennt sie auch Blutplättchen
4. Leukozyten gehören zum
5. Es ist das Abwehrsystem des Körpers
6. Dort werden die Leukozyten oder auch Stammzellen gebildet
7. Sie werden auch Fresszellen genannt
8. Krankheitserreger oder Eiweißstrukturen von Krankheitserregern
9. Nosokomiale Infektionen
10. Zeit zwischen Infektion und Ausbruch der Erkrankung
11. Welches ist eine typische Eintrittspforte eines Erkältungserregers?
12. Richtet sich die Immunabwehr gegen körpereigene Zellen, so nennt man die entstandene Erkrankung?
13. Leicht erhöhte Temperatur nennt man auch?
14. Häufiges Symptom in der Phase des Fieberanstiegs
15. Der schnelle Temperaturabfall kann für den Körper sehr belastend sein. Man nennt den schnellen Temperaturabfall deshalb auch
16. Die Reaktion des Körpers auf einen schädigenden Reiz, z. B. bei einem Splitter in einer Wunde, nennt man?

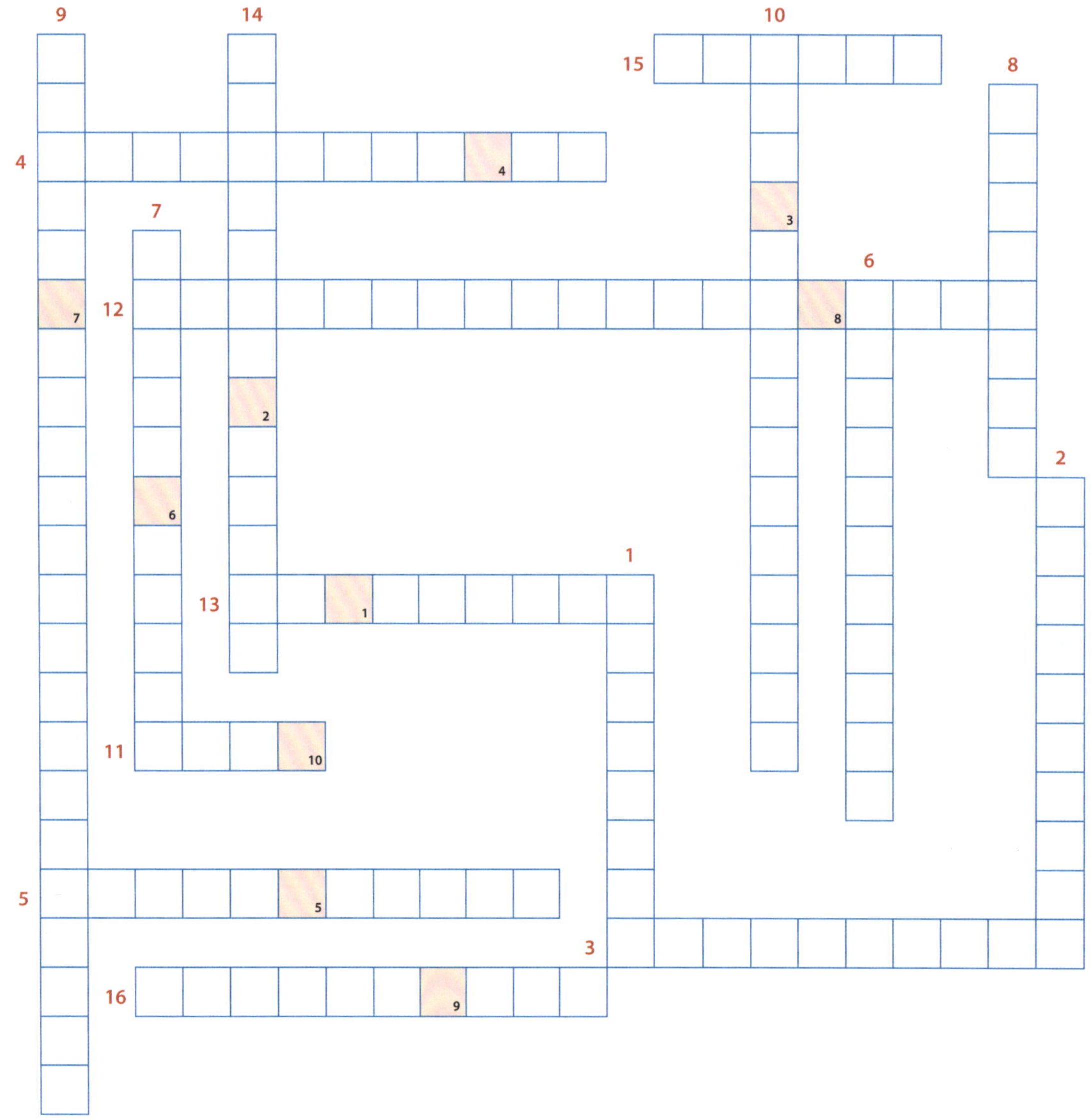

Lösungswort:

1	2	3	4	5	6	7	8	9	10

4 Kardinalsymptome der Entzündung
Beschriften Sie die leeren Sockel mit dem entsprechenden Kardinalsymptom einer Entzündung. Nutzen Sie das Lehrbuch und interpretieren Sie dann die Figuren in der Grafik entsprechend des dargestellten Entzündungszeichens.

5 Wie und warum entsteht Fieber? Recherchieren Sie im Lehrbuch und machen Sie sich Notizen. Erläutern Sie Ihre Ergebnisse einem Mitschüler oder Mitschülerin.

Arbeitsblatt 16, Thema D4/D6 im Kompetenzraster Herz-Kreislauf-System Pflege des kranken Kindes

6 Nennen Sie „subjektive" und „objektive" Fieberzeichen.

Subjektive Fieberzeichen:

Objektive Fieberzeichen:

7 Beschreiben Sie die Merkmale und Pflegeschwerpunkte in den einzelnen Fieberphasen.

Fieberphase	Merkmale	Pflegeschwerpunkte
1. Fieber-anstieg		
2. Fieber-höhe		
3. Fieber-abfall		
4. Erschöpfungs- und Erholungs-schlaf		

4 Geben Sie den Zeichnungen eine Überschrift und beschreiben Sie jeweils den Prozess der Immunisierung in Stichpunkten.

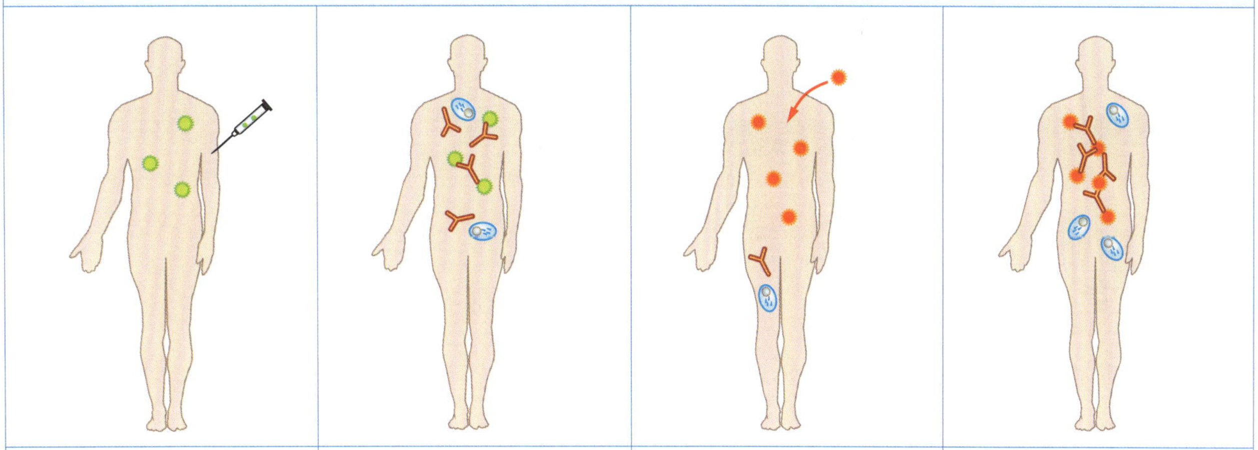

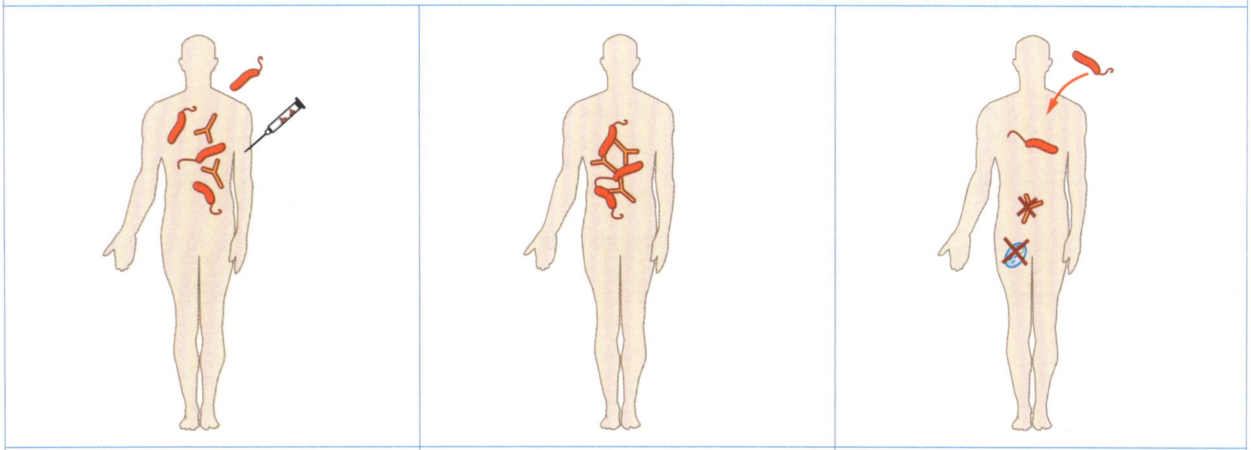

15 Haut

1 Beschriften Sie die anatomische Abbildung sowohl mit deutschen als auch mit lateinischen Fachbegriffen.

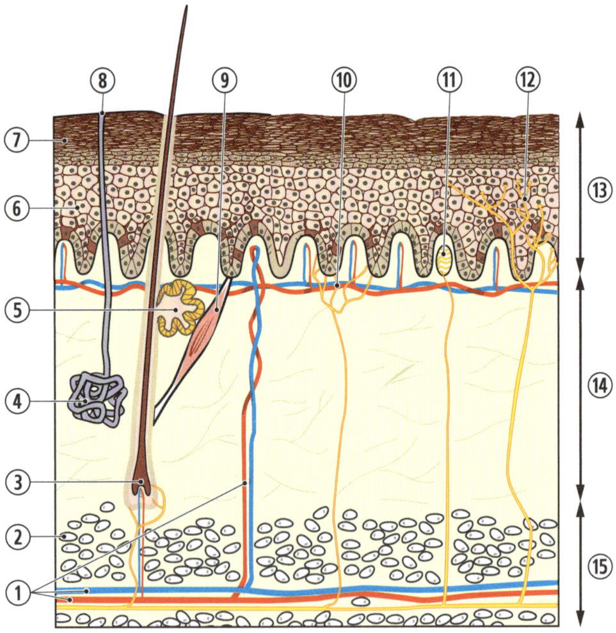

④ ______________________

⑤ ______________________

⑥ ______________________

⑦ ______________________

⑧ ______________________

⑨ ______________________

⑩ ______________________

____

⑪ ______________________

____

⑫ ______________________

____

① ______________________

② ______________________

③ ______________________

⑬ ______________________

⑭ ______________________

⑮ ______________________

2 Was ist der Säureschutzmantel der Haut? Ergänzen Sie den Lückentext mithilfe der Begriffe im Kästchen.

schützt, Bakterien, vermehren, Mikroorganismen, Säuren/Basen

Der Säureschutzmantel der Haut sorgt dafür, dass ______________ und andere krank machende ______________ sich nicht auf der Haut ansiedeln und dort ______________ können. Außerdem ______________ er die Haut, zumindest kurze Zeit, vor dem schädlichen Einfluss von ______________, z. B. Seifenlauge.

3 Wie können Sie den Säureschutzmantel der Haut schützen?

a) Nennen und begründen Sie mindestens zwei Möglichkeiten.

____

____

____

____

____

b) Drehen Sie einen 2–3-Minuten-Film gemeinsam mit 2 Mitschülerinnen, in dem Sie zeigen, wie Sie Ihre Hände in der Pflege schützen und trotzdem hygienisch einwandfrei arbeiten können.

Mindestanspruch:

4 Nennen und erläutern Sie die Aufgaben der Haut.

Aufgaben	Begründung

5 Beschriften Sie die anatomische Abbildung.

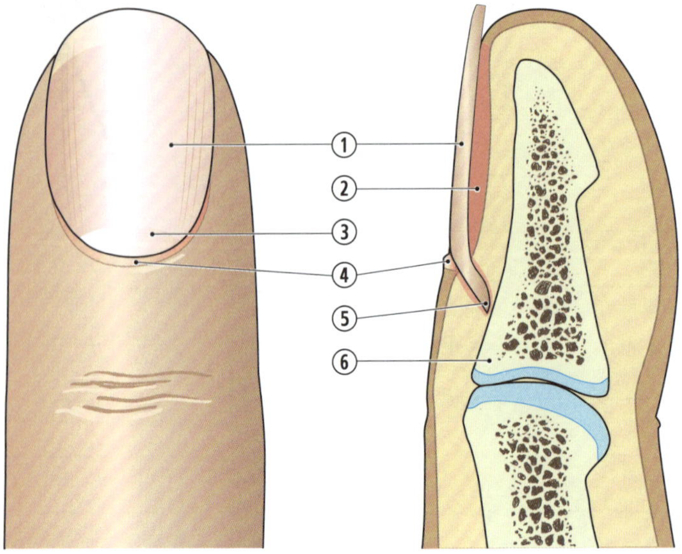

① ____________________

② ____________________

③ ____________________

④ ____________________

⑤ ____________________

⑥ ____________________

6 Welche Veränderungen können an der Haut, den Haaren und Nägeln im Alter auftreten?
Nutzen Sie Fachliteratur. Nennen Sie je zwei Veränderungen an Haut, Haaren und Nägeln und deren Ursache.
Vergleichen Sie Ihre Ergebnisse mit dem Sitznachbarn und ergänzen Sie bei Bedarf.

Strukturen	Veränderungen	Mögliche Ursachen
Haut		

Strukturen	Veränderungen	Mögliche Ursachen
Haare		
Nägel		

7 Führen Sie bei einer Mitschülerin oder Klientin in der Praxis eine Hand- und Nagelpflege durch. Nutzen Sie die untere Struktur zur Vorbereitung, Durchführung und Reflexion. Stellen Sie Ihr Ergebnis der Klasse vor.

1. Vorbereitung: (Zimmer, Klient/-in, persönlich)
Hier bitte einen kurzen Bericht in ganzen Sätzen schreiben.

2. Material:
Hier bitte Stichpunkte eintragen.

3. Durchführung:
Hier bitte einen kurzen Bericht in ganzen Sätzen schreiben.

4. Auswertung:

a) Das ist mir gut gelungen:
Hier bitte einen kurzen Bericht in ganzen Sätzen schreiben.

b) Das möchte ich noch verbessern:
Hier bitte einen kurzen Bericht in ganzen Sätzen schreiben.

16 Verdauungs- und Stoffwechselsystem

1 Beschriften Sie die anatomische Abbildung mit lateinischen und/oder deutschen Fachausdrücken.

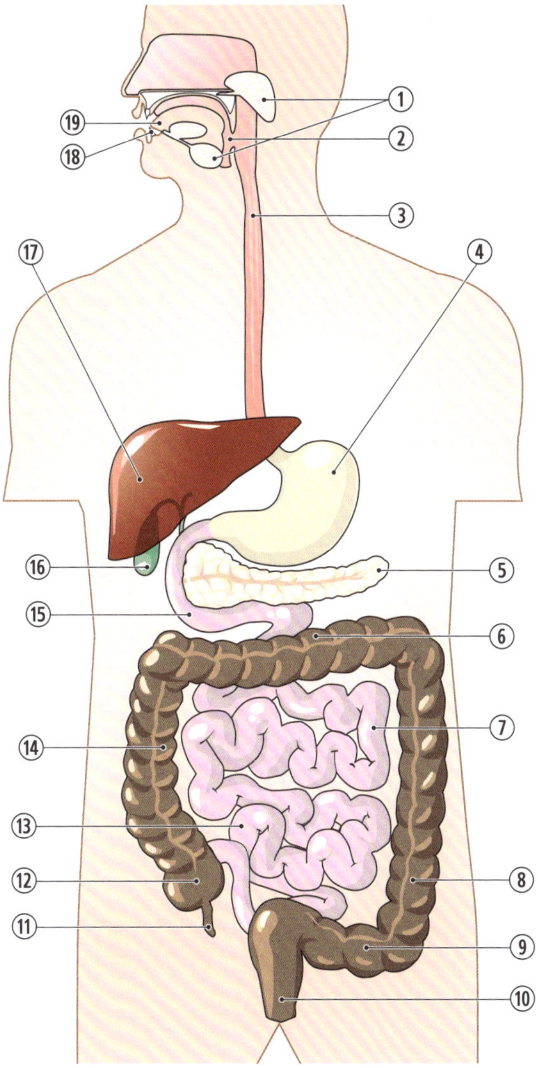

① ______________________

____

② ______________________

③ ______________________

④ ______________________

⑤ ______________________

⑥ ______________________

____

⑦ ______________________

⑧ ______________________

____

⑨ ______________________

⑩ ______________________

⑪ ______________________

⑫ ______________________

⑬ ______________________

⑭ ______________________

____

⑮ ______________________

⑯ ______________________

⑰ ______________________

⑱ ______________________

⑲ ______________________

2 Erläutern Sie, welche Verdauungsprozesse in welchen Abschnitten des Verdauungssystems stattfinden. Beginnen Sie im Mund.

Ort	Verdauungsprozess	Enzyme/Hormone
Mund durch Speicheldrüsen (Parotis)		

3 Beschriften Sie die untere anatomische Abbildung der Bauchspeicheldrüse (Pankreas) und verwenden Sie lateinische und/oder deutsche Fachausdrücke.

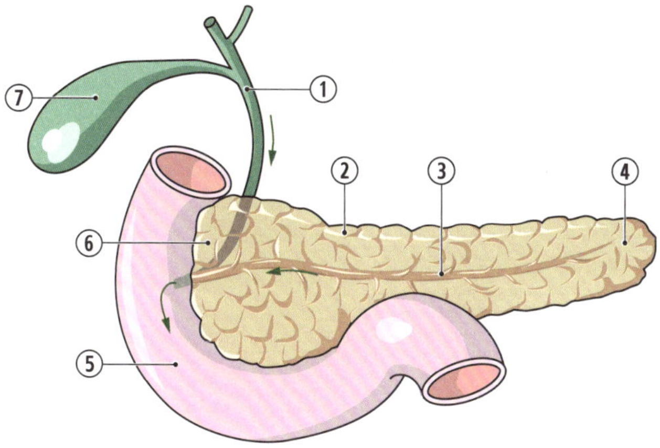

① ______________________________

② ______________________________

③ ______________________________

④ ______________________________

⑤ ______________________________

⑥ ______________________________

⑦ ______________________________

4 Welche Hormone werden im Pankreas produziert? Erläutern Sie deren Wirkung im Stoffwechsel- und Verdauungsprozess.

Hormon	Wirkung

5 Erläutern Sie zunächst, warum „Diabetes mellitus Typ II“ auch als Wohlstandskrankheit bezeichnet wird.

6 Wie könnte ihrer Meinung nach eine gute Diabetes mellitus-Präventions-Kampagne in Deutschland aussehen?

7 Überlegen Sie in Partnerarbeit, welche Maßnahmen Diabetiker zum Schutz ihrer Füße bei „Polyneuropatie“ und „diabetischem Fuß“ ergreifen können. Begründen Sie.

17 Niere, Harnsystem

1 Nennen Sie die Aufgaben der Niere. Formulieren Sie in vollständigen Sätzen.

2 Beschriften Sie die anatomischen Abbildungen zum Harnsystem.
Benutzen Sie lateinische und/oder deutsche Fachausdrücke.

a) Harnsystem

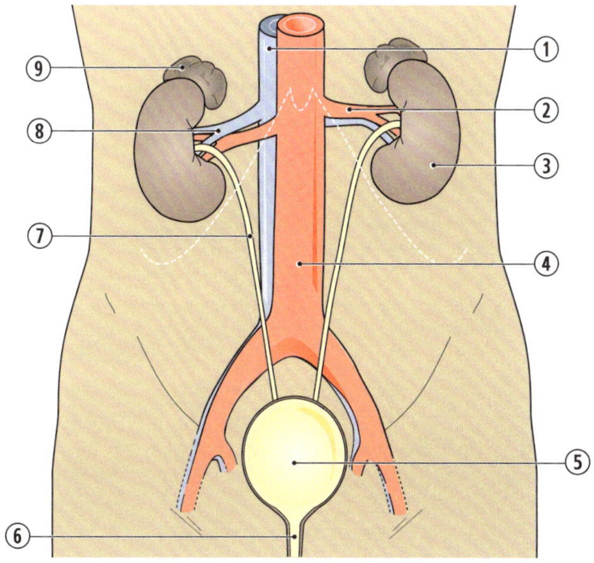

① ______
② ______
③ ______
④ ______
⑤ ______
⑥ ______
⑦ ______
⑧ ______
⑨ ______

b) Niere (Ren)

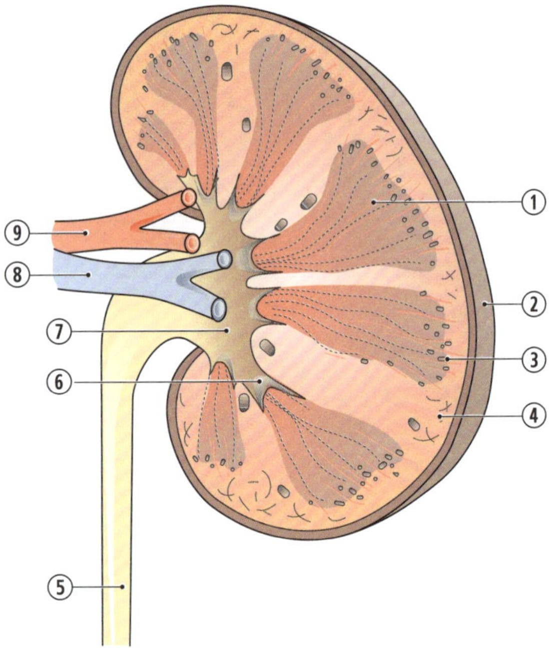

① ______________________________

② ______________________________

③ ______________________________

④ ______________________________

⑤ ______________________________

⑥ ______________________________

⑦ ______________________________

⑧ ______________________________

⑨ ______________________________

3 Der Urin kann wichtige Informationen über die Urinproduktion, die Miktion, die Urinqualität und -quantität und somit auch die Funktion verschiedener Organe oder Organsysteme widerspiegeln. Daher ist die Urinbeobachtung ein wichtiger pflegerischer Schwerpunkt.

a) Nennen Sie die Beobachtungskriterien (Schwerpunkte) bei der Urinbeobachtung und beschreiben Sie anhand derer den physiologischen (normalen, gesunden) Urin.

b) Folgende Veränderungen des Urins können beobachtet werden. Benennen Sie deren mögliche Ursachen.

Farbe	physiologisch	pathologisch
rot		
braun		
milchig trüb		
Geruch	**physiologisch**	**pathologisch**
faulig, fischig		
Azeton (obstartig)		
Ammoniak		
Menge	**Bedeutung**	**mögl. Ursache**
Nykturie		
Oligurie		
Anurie		
Polyurie		

4 Vervollständigen Sie die Beschriftung der weiblichen und männlichen Harn- und Geschlechtsorgane. Nutzen Sie dazu die vorgegebenen Begriffe

Scheide, Harnblase, Eileiter, Kitzler, Gebärmutter, Harnröhre, kleine Schamlippen, Eierstock, Enddarm, Schambein, Harnleiter, Muttermund, äußere Schamlippen

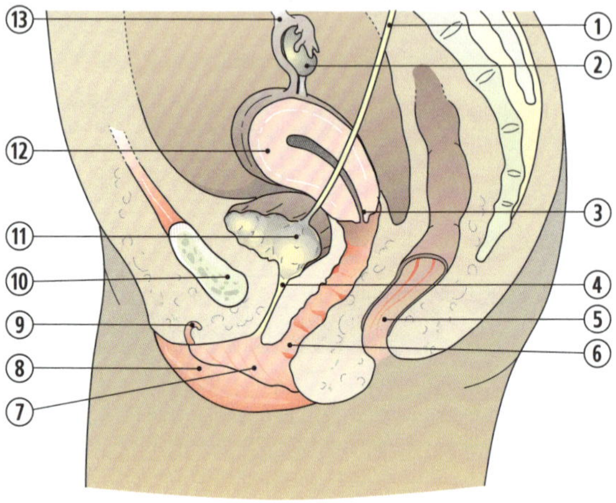

1 ______________________
2 ______________________
3 ______________________
4 ______________________
5 ______________________
6 ______________________
7 ______________________
8 ______________________
9 ______________________
10 ______________________
11 ______________________
12 ______________________
13 ______________________

Harnröhre, Samenleiter, Hoden, Harnleiter, Eichel, Harnblase, Nebenhoden, Penis, Vorsteherdrüse, Samenbläschen

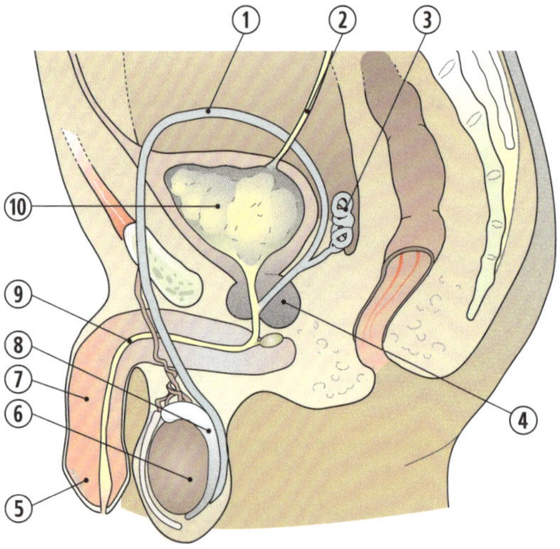

1 ______________________
2 ______________________
3 ______________________
4 ______________________
5 ______________________
6 ______________________
7 ______________________
8 ______________________
9 ______________________
10 ______________________

5 Ergänzen Sie zu den vorgegebenen Begriffen die Fachbegriffe.

Deutsche Bezeichnung	Fachbegriff	Deutsche Bezeichnung	Fachbegriff
Gebärmutter		Vorsteherdrüse	
Scheide		Hoden	
Schamlippen		Harnleiter	
Harnblase		Harnröhre	

18 Bewegungsapparat

1 Schneiden Sie die Teile des knöchernen Bewegungsapparats aus, kleben diese auf stärkeres Papier und setzen Sie sie zusammen. Beschriften Sie die einzelnen Bestandteile des Skeletts sowohl mit deutschen (Vorderseite) als auch lateinischen Fachausdrücken (Rückseite). Sie benötigen zusätzlich eine Schere, Stift, (Gummi)band und Rundkopfklammern  als Verbindungsstücke. Viel Spaß ☺

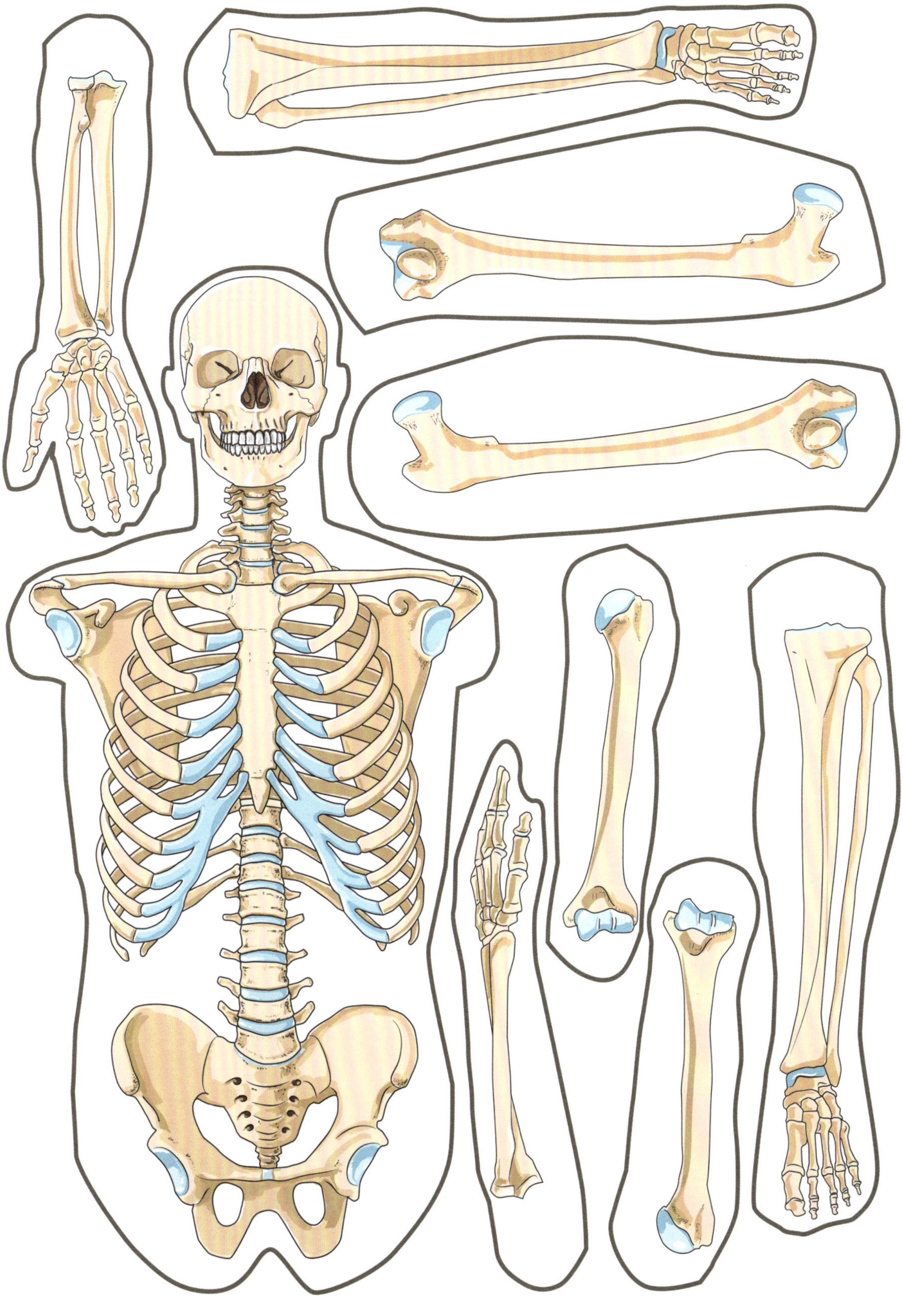

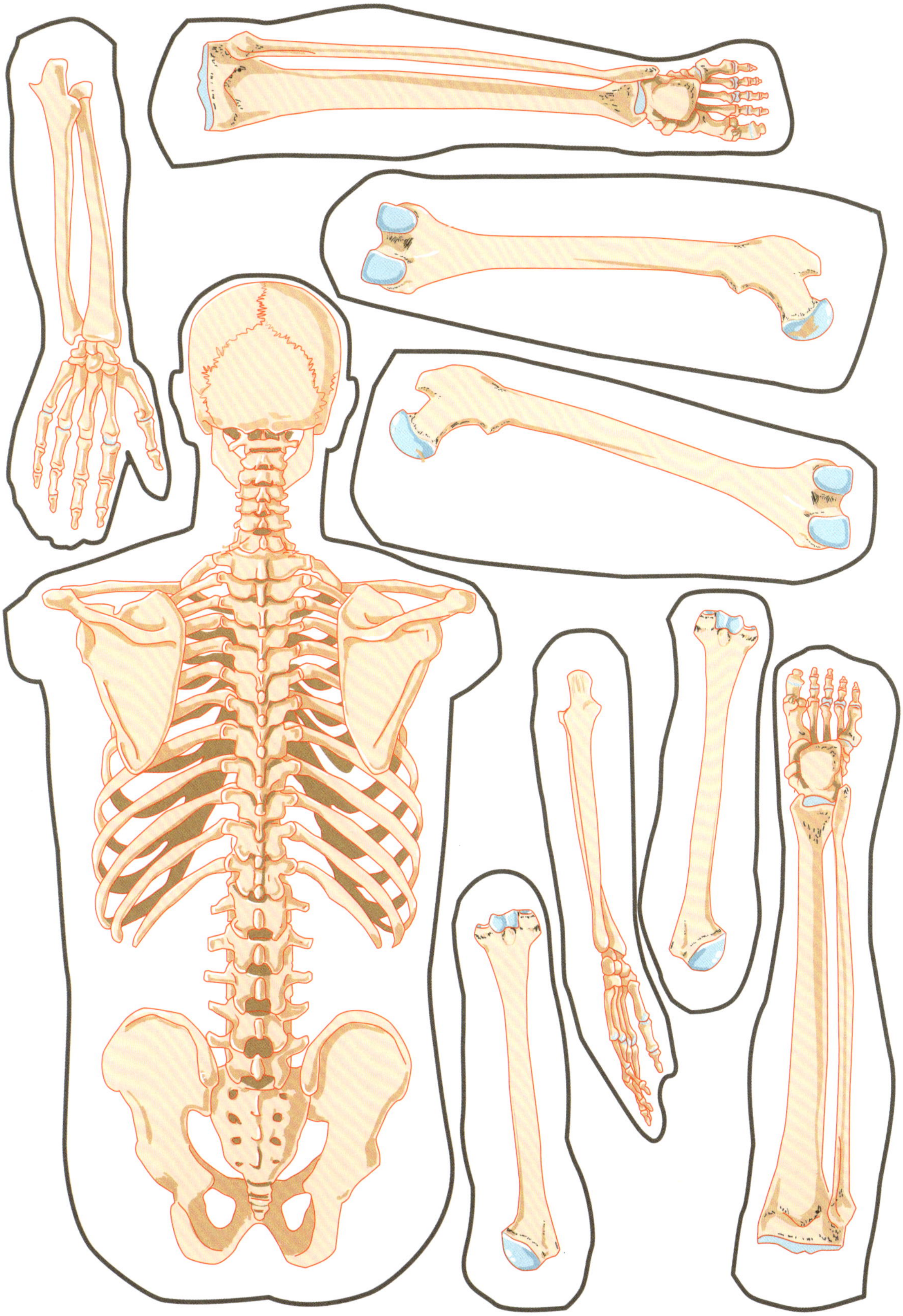

2 Benennen Sie die Bestandteile des Bewegungsapparats und sortieren Sie diese den Teilsystemen aktiver und passiver Bewegungsapparat zu.

Zum aktiven Bewegungsapparat gehören	Zum passiven Bewegungsapparat gehören

3 Nennen Sie die Aufgaben des Skeletts.

4 Beschriften Sie die anatomische Abbildung eines Gelenks.

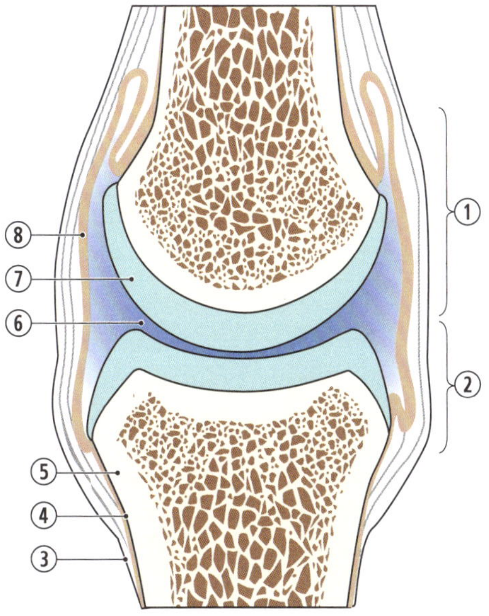

①
②
③
④
⑤
⑥
⑦
⑧

5 Füllen Sie die Tabelle zu den Gelenkformen aus. Testen Sie alle Gelenke an einem Skelett und an einem Mitschüler oder Mitschülerin vorsichtig und teilen Sie im Anschluss daran den Gelenkformen Beispiele zu. Probieren Sie ebenfalls, in wie viele Richtungen (Freiheitsgrade) sich das jeweilige Gelenk normal bewegen lässt.

	Gelenkform	Beispiel	Bewegung(en)	Freiheitsgrade

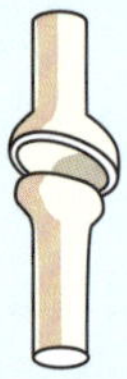				
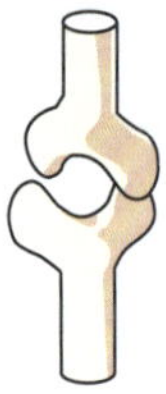				

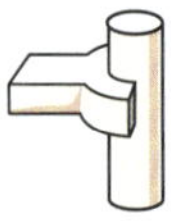				

6 Erläutern Sie warum der Knochen im Laufe des Lebens an Festigkeit verliert und benennen Sie die häufigste Fraktur bei älteren Menschen. Formulieren Sie in vollständigen Sätzen.

7 Beschriften Sie in der unteren Abbildung alle Muskeln mit deutschen und zwei zusätzlich mit lateinischen Fachbegriffen.

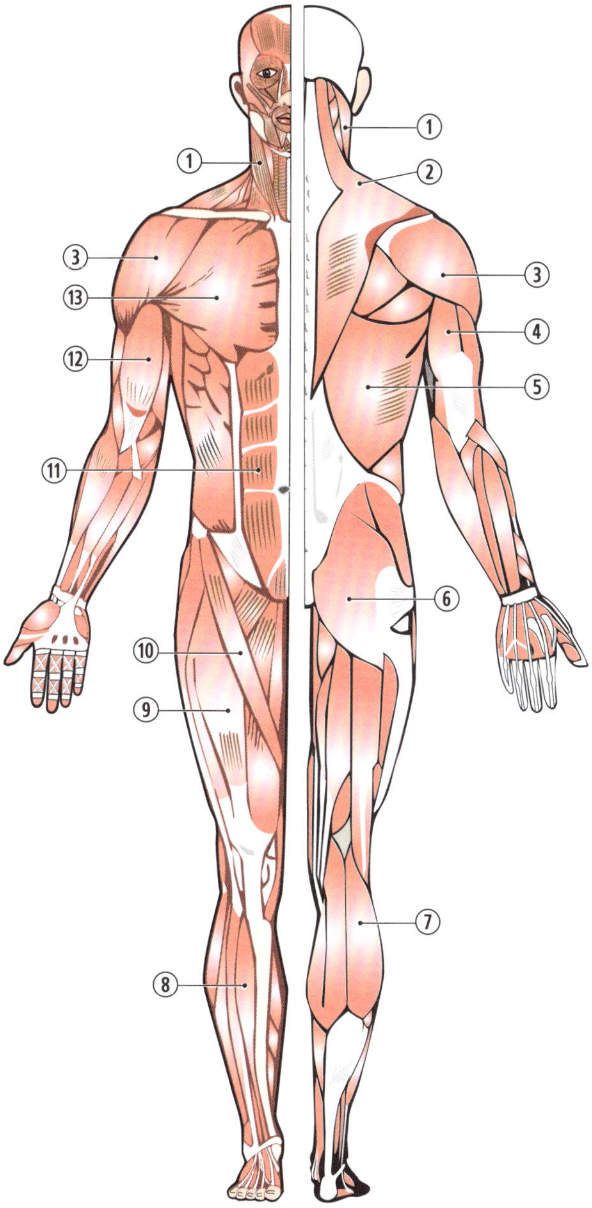

① ____________________

____

② ____________________

____

③ ____________________

____

④ ____________________

____

⑤ ____________________

____

⑥ ____________________

____

⑦ ____________________

____

⑧ ____________________

____

⑨ ____________________

____

⑩ ____________________

____

⑪ ____________________

____

⑫ ____________________

____

⑬ ____________________

____

19 Sinnesorgane

1 Beschriften Sie die anatomischen Abbildungen mithilfe der vorgegebenen Begriffe.

a) Auge

vordere Augenkammer, hintere Augenkammer, Hornhaut, Linse, Pupille, Regenbogenhaut (Iris), Augenlid oben, Augenlid unten, Glaskörper, Lederhaut, Aderhaut, Netzhaut, gelber Fleck, blinder Fleck, Sehnerv

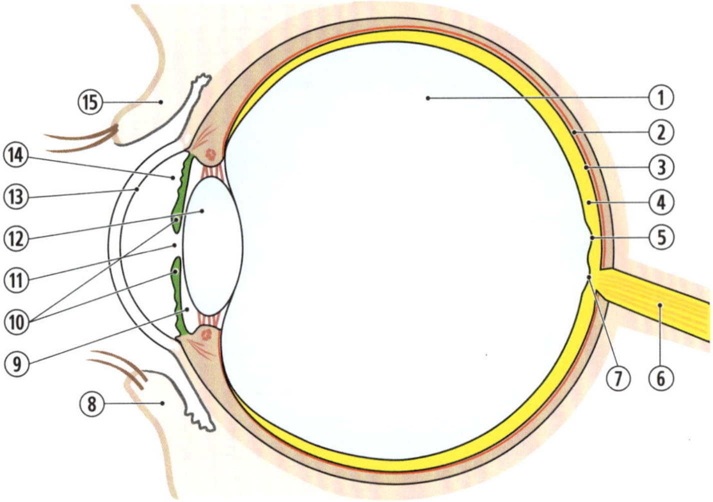

1 ______________________
2 ______________________
3 ______________________
4 ______________________
5 ______________________
6 ______________________
7 ______________________
8 ______________________
9 ______________________
10 ______________________
11 ______________________
12 ______________________
13 ______________________
14 ______________________
15 ______________________

b) Ohr

Ohrmuschel, Gehörgang, Trommelfell, Hammer, Amboss, Schnecke, Steigbügel, Eustachio-Röhre, Vorhofsäckchen, Bogengänge, äußeres Ohr, Mittelohr, Innenohr

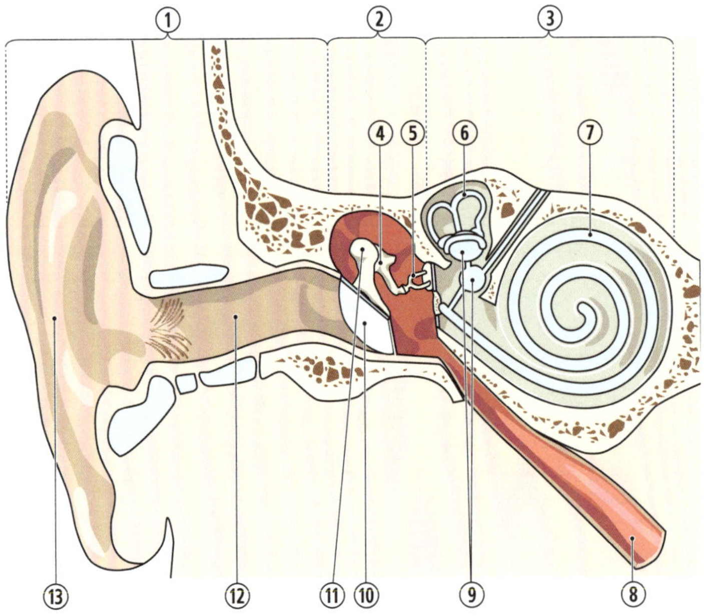

1 ______________________
2 ______________________
3 ______________________
4 ______________________
5 ______________________
6 ______________________
7 ______________________
8 ______________________
9 ______________________
10 ______________________
11 ______________________
12 ______________________
13 ______________________

2 Worauf muss die Pflegeperson im Umgang mit schwerhörigen und/oder tauben zu Pflegenden achten? Erläutern Sie in ganzen Sätzen.

3 Zeichnen und erläutern Sie den Prozess des Sehens.

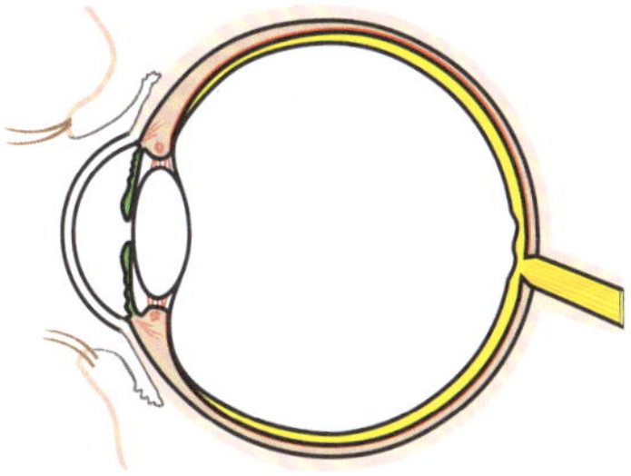

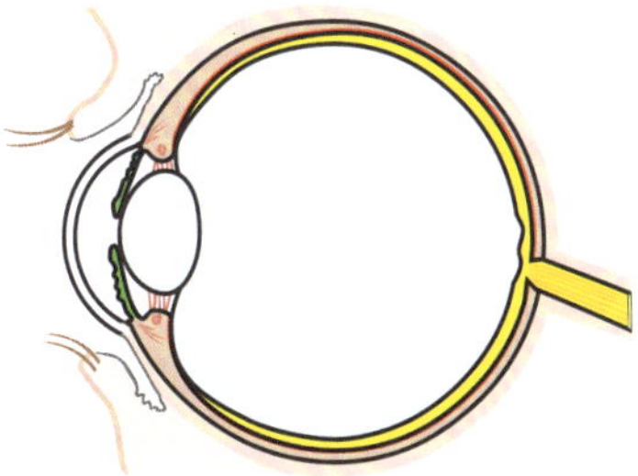

4 Nennen Sie die optischen Medien (Bestandteile) des Auges.

5 Ordnen Sie die im Kästchen stehenden Erkrankungen des Ohres den Symptomen in der Tabelle richtig zu.

Otitis Media, Tinnitus, Hörsturz, Vertigo

Erkrankung	Symptome
______	• Plötzliche Hörminderung bis hin zur Taubheit • Meist nur ein Ohr betroffen • Tinnitus • Ggf. Taubheit und Druckgefühl am betroffenen Ohr
______	• Lautes Pfeifen, Rauschen oder Summen im Ohr ohne bestehende Außengeräusche
______	• Lageschwindel beim Drehen des Kopfes • Seefahrtgefühl • Schwankschwindel • Drehschwindel • Liftschwindel
______	• Heftige, pulsierende Ohrschmerzen und Schwerhörigkeit • Krankheitsgefühl, Fieber, Kopfschmerzen • Ggf. perforiert das Trommelfell durch den hohen Druck • Ggf. tritt dann Flüssigkeit aus dem Ohr aus (Otorrhoe = Ohr/Fließen)

6 Verabreichen von Nasen-Ohrentropfen

a) Welche Materialien benötigt die Pflegeperson zum Verabreichen von Nasen und Ohrentropfen?

______

______

______

______

b) Worauf soll die Pflegeperson vor Verabreichung der Tropfen achten und welche Verbote gibt es?

______

______

______

______

______

______

c) Wie sollen die Tropfen verabreicht werden?

Nasentropfen	Ohrentropfen
______	______
______	______
______	______
______	______
______	______
______	______

20 Nervensystem

1 Das Nervensystem steuert u.a. wichtige Lebensvorgänge im Organismus und wird in das zentrale und periphere Nervensystem eingeteilt. Sortieren Sie die Begriffe aus dem Kästchen den beiden Systemen in der Tabelle zu und benennen Sie wichtige Funktionen.

Gehirn, periphere Nerven, Rückenmark, Rückenmarksnerven (Spinalnerven), Hirnnerven

Zentrales Nervensystem (ZNS)	Peripheres Nervensystem (PNS)
Funktionen (ZNS)	**Funktionen (PNS)**

2 Beschriften Sie die anatomischen Abbildungen.

a) Übersicht Gehirn

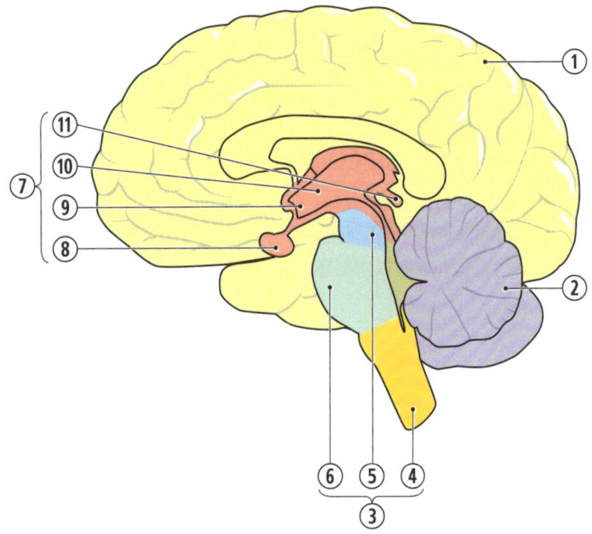

① ______________________________

② ______________________________

③ ______________________________

④ ______________________________

⑤ ______________________________

⑥ ______________________________

⑦ ______________________________

⑧ ______________________________

⑨ ______________________________

⑩ ______________________________

⑪ ______________________________

b) Aufbau des Großhirns

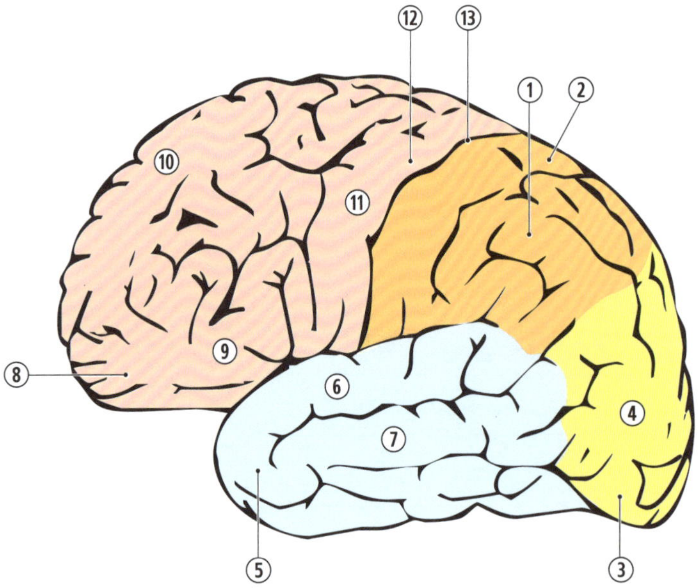

① ______________________________

② ______________________________

③ ______________________________

④ ______________________________

⑤ ______________________________

⑥ ______________________________

⑦ ______________________________

⑧ ______________________________

⑨ ______________________________

⑩ ______________________________

⑪ ______________________________

⑫ ______________________________

⑬ ______________________________

3 Erläutern Sie mit eigenen Worten und in ganzen Sätzen die Reizleitung sowie die Funktion der afferenten und efferenten Nervenbahnen am unteren Beispiel.

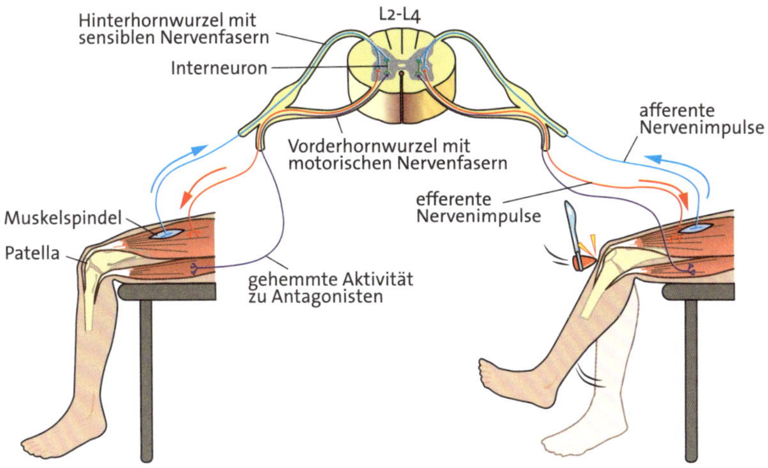

___

4 Multiple Sklerose (MS) ist hauptsächlich eine Erkrankung im frühen Erwachsenenalter.

a) In welchem Alter tritt die Erkrankung am häufigsten auf?

___

b) Welche Bereiche des Nervensystems sind von MS betroffen?

___

c) Beschriften Sie die Abbildung einer Nervenzelle. Kennzeichnen Sie den von MS betroffenen Bereich farbig.

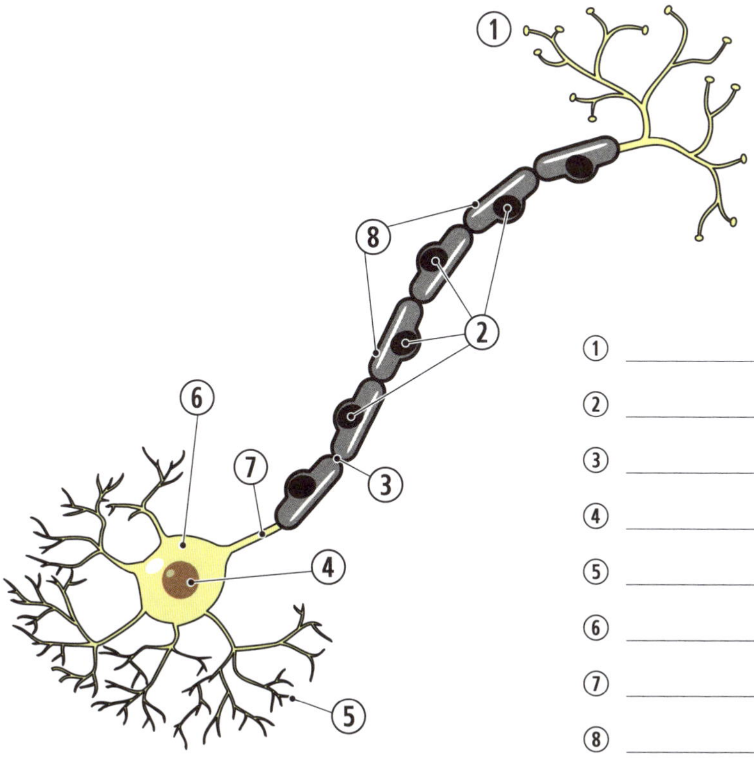

① ___
② ___
③ ___
④ ___
⑤ ___
⑥ ___
⑦ ___
⑧ ___

5 Bei MS handelt es sich um eine „Autoimmunerkrankung". Erläutern Sie den Begriff „Autoimmunerkrankung" im Zusammenhang mit MS.

6 Welche Ursachen für einen MS-Schub sind bekannt?

7 Unter welchen Symptomen leiden an MS betroffene Menschen?

8 **a)** Auf den Abbildungen erkennen Sie charakteristische Symptome der Parkinsonschen Erkrankung. Benennen und erläutern Sie diese.

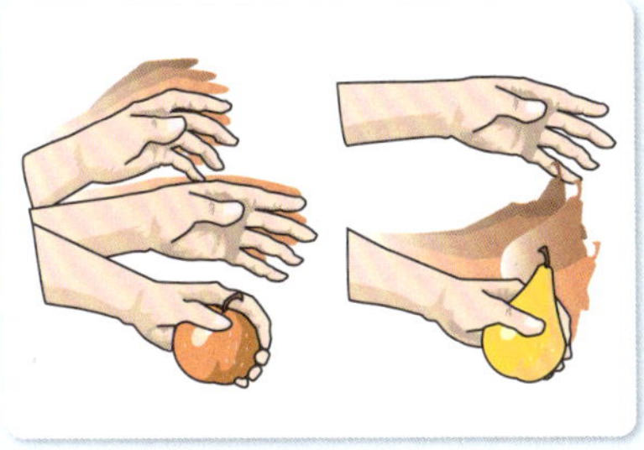

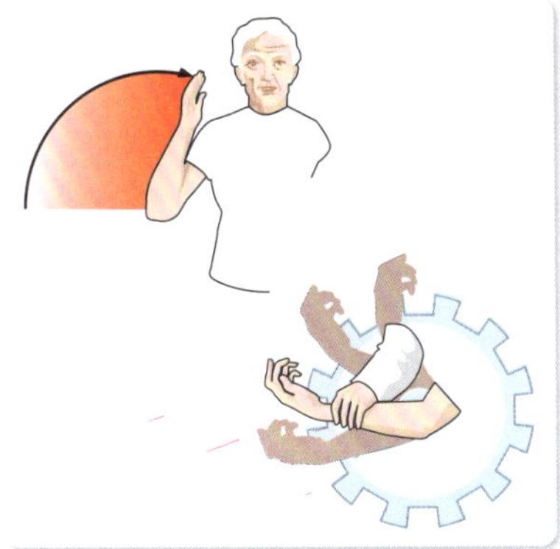

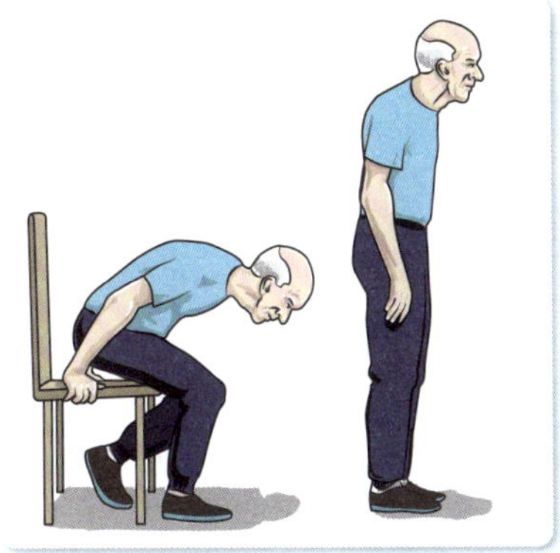

b) Beschriften Sie die Abbildung mit den Kardinalsymptomen der Parkinson-Erkrankung.

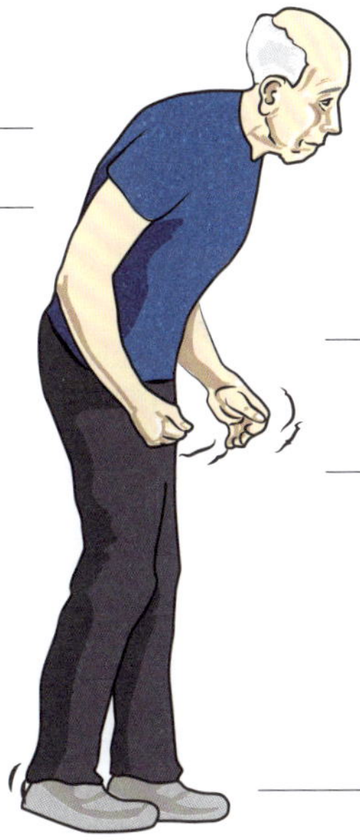

21 Demenz und Delir

1 Ergänzen Sie den Lückentext mit den im Kasten stehenden Worten.

> Denk- und Merkfähigkeit, Orientierungsstörung, Gestörtes Sozialverhalten, Leistungsfähigkeit, primären, Stoffwechselerkrankungen, sekundären, Delir, Alzheimerdemenz, Folgeerkrankung, schleichend, Multiinfarktdemenz, Gestörter Tag-Nacht-Rhythmus, Persönlichkeitsstörung

Der Begriff Demenz kommt aus dem Lateinischen (Dementia) und bedeutet „ohne Geist oder von Sinnen".
Es handelt sich um eine krankheitsbedingte Störung der ____________________ des Gehirns. Es wird zwischen der ____________ Demenz (80–90 % aller Demenzen) und der ______________ Demenz (10–20 % aller Demenzen) unterschieden.
Bei der primären Demenz unterscheidet man je nach Ursache die degenerative von der vaskulären Demenz. Wie die Namen es schon andeuten (degenerativ, sekundär), liegen die Ursachen der degenerativen Demenz im fortschreitenden Abbau des Hirngewebes. Die __________________ hat in den meisten Fällen eine degenerative Ursache.
Der sekundären Demenz liegt häufig eine andere Erkrankung zugrunde und ist daher eine ______________ ____________, z. B. Morbus Parkinson, Stoffwechselerkrankungen oder ____________________.
Die Demenzerkrankung verläuft ________________, sodass die meisten Betroffenen relativ spät den Arzt aufsuchen, auch weil sie und die Angehörigen dieses oft nicht wahrhaben wollen.
Zu den klassischen Symptomen einer Demenzerkrankung zählen u. a.:
Abnahme der ______________________________ → Die Betroffenen können sich häufig neue Informationen nicht merken.
__________________________ → Die Betroffenen haben oft keinen Bezug zur Tageszeit, Uhrzeit, dem Ort, an dem sie sich befinden, können Situationen nicht beurteilen oder erkennen bekannte Personen nicht oder nur mit Verzögerung wieder.
__________________________ → Die Betroffenen verändern ihr Verhalten, zeigen sich aggressiv, sind weinerlich oder ziehen sich mehr und mehr zurück.
____________________________ → Die Betroffenen können sich in sozialen Gruppen nicht zurechtfinden, zeigen z. B. Angst, Übermut oder auch Distanzlosigkeit gegenüber Bekannten und fremden Menschen oder Situationen.
________________________________ → Betroffene sind häufig nachts unruhig und haben einen großen Bewegungsdrang. Tagsüber sind sie müde und erschöpft.
Der gestörte Tag-Nacht-Rhythmus kann auch ein Zeichen für ein bestehendes __________ sein. Übersieht man die Symptome eines Delirs, kann sich die Demenz rapide verschlechtern. Besteht der Verdacht auf ein Delir, sollte möglichst schnell ein Arzt konsultiert werden und ggf. auslösende Faktoren wie Neben- und Wechselwirkungen von Medikamenten ausgeschlossen werden.
Weitere Ursachen für ein Delir bei Demenzerkrankten können das hohe Alter (> 65 Jahre), ______________ ______________ wie Diabetes mellitus, Herz-Kreislauf-Erkrankungen wie KHK, multiple Medikamenteneinnahme oder Störungen des Elektrolyt-Haushalts wie Exsikkose sein.

2 Durch die Praxiseinsätze haben Sie sicher schon Erfahrungen im Umgang und der Pflege von dementiell erkrankten Menschen sammeln können. Tragen Sie nun bitte die Grundsätze in Umgang, Pflege und Kommunikation mit Demenzerkrankten in die Gedankenblasen ein.

22 Onkologische und palliative Pflege

1 Sortieren Sie die unteren Beschreibungen an die richtigen Stellen in der Tabelle „Merkmale maligner und benigner Tumore".

keine Metastasierung, langsames Wachstum, schnelles Wachstum, Tumor scharf begrenzt zum umliegenden Gewebe, unscharfe Tumorbegrenzung, Metastasierung, invasives Wachstum, kein invasives Wachstum

Gutartig (benigne)		Bösartig (maligne)	
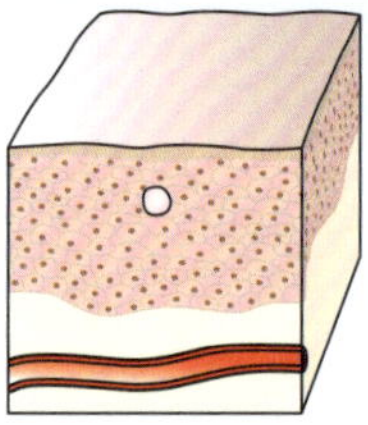		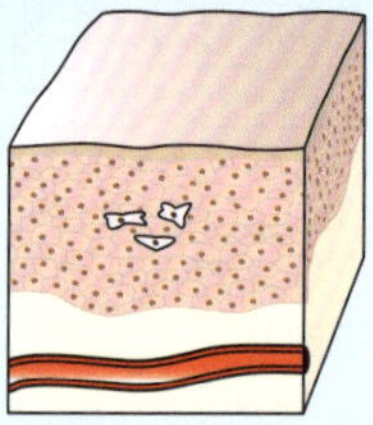	
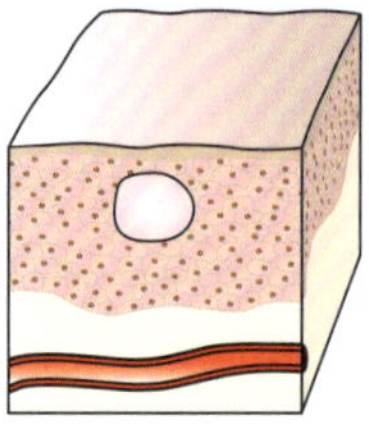		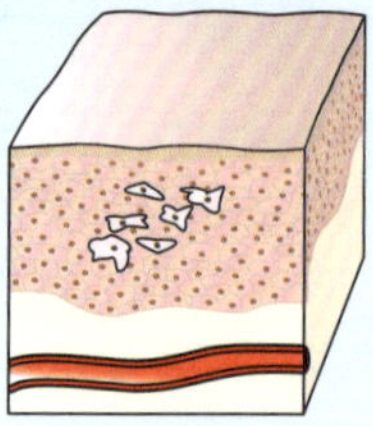	
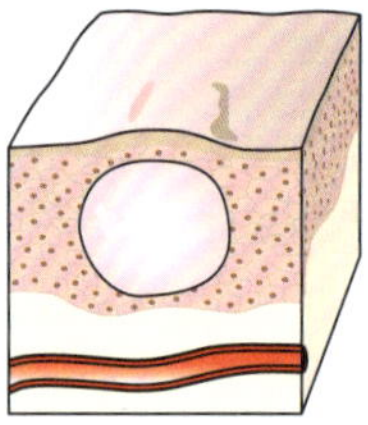		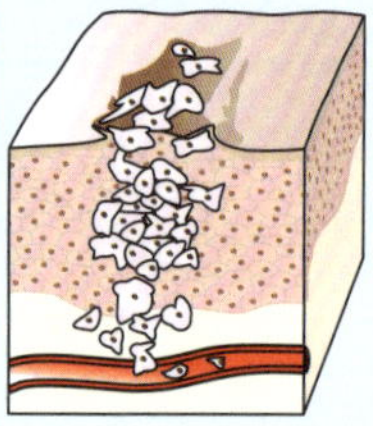	

2 Was bedeutet der Begriff „Homöostase"? Warum ist diese bei Tumorerkrankungen gestört? Beschreiben Sie mit eigenen Worten.

3 Nennen Sie Risikofaktoren, die die Ausbildung von malignen Tumoren begünstigen können.

4 Beschreiben Sie mit eigenen Worten den Begriff „Metastasierung“.

____

____

____

____

5 Was bedeutet lymphogene und hämatogene Metastasierung?
Nennen Sie bevorzugte Orte der Metastasierung.

____

____

____

____

6 Zeichnen Sie den Weg der Metastasierung am Bild ein und benennen Sie weitere mögliche Organe des Primärtumors.

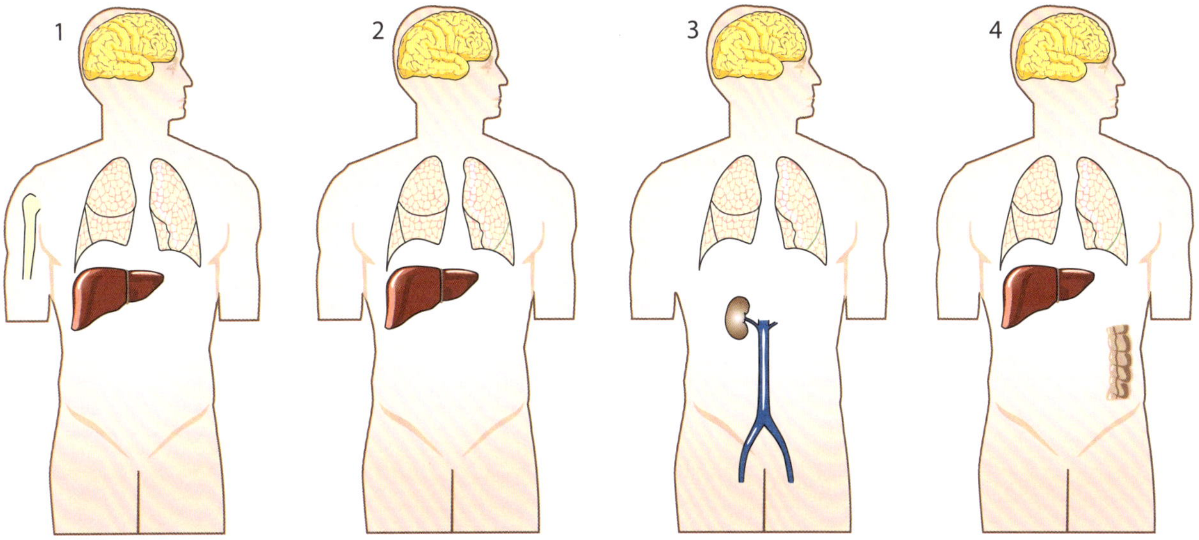

1 Lungentyp | 2 Lebertyp | 3 Kavatyp | 4 Pfortadertyp

1. lymphogen: ____

   hämatogen: ____

2. lymphogen: ____

   hämatogen: ____

3. lymphogen: ____

   hämatogen: ____

4. lymphogen: ____

   hämatogen: ____

7 Beschreiben Sie die unten aufgeführten Therapieziele näher.

Kurative Behandlung: (curatio = lat. = Heilung)

Adjuvantive Behandlung: (adjuvare = lat. = unterstützend)

Neoadjuvantive Behandlung: (neos = lat. = neu)

Palliative Behandlung: (pallium = lat. = Mantel)

8 Eine Chemotherapie hat neben der gewünschten Wirkung – Bekämpfung des Tumors und möglicher Metastasen – auch eine Reihe von unerwünschten Nebenwirkungen. Diese sind für den Patienten nicht nur unangenehm und teilweise beängstigend, sondern können auch eine Reihe von potenziellen Pflegeproblemen aufwerfen.

a) Überlegen Sie, welche potenziellen Pflegeprobleme bei einer Chemotherapie auftreten können, und tragen Sie diese in die Gedankenwolken der Pflegeperson ein.

b) Zu Pflegende mit anhaltender Übelkeit und Erbrechen nach einer Chemotherapie fühlen sich nicht nur schlapp und unwohl, sondern sind u. a. auch Exsikkose-gefährdet. Überlegen Sie sinnvolle Maßnahmen, die ihnen helfen und weiteren Problemen entgegenwirken können. Tragen Sie diese in die Gedankenwolken der Pflegeperson ein.

22.1 Pflege sterbender Menschen

1 Die Schweizerin Elisabeth Kübler-Ross war eine der Ersten, die sich mit dem Thema Sterbebegleitung befasst hat. Ihre Erkenntnisse über die fünf Sterbephasen erwuchsen aus der Begleitung unzähliger Sterbender. Benennen Sie die einzelnen Phasen und erläutern Sie diese näher.

Sterbephasen	Beschreibung/Erläuterung
1. Phase	
2. Phase	
3. Phase	
4. Phase	
5. Phase	

2 Viele Menschen haben den Wunsch, in ihrem gewohnten häuslichen Umfeld zu sterben.

a) Scheint Ihnen dieser Wunsch realistisch? Diskutieren Sie mit einem Mitschüler oder einer Mitschülerin darüber und notieren Sie sich Stichpunkte.

b) Zeigen Sie Orte des Sterbens auf. Wo würden Sie Ihre Angehörigen versorgt wissen wollen?

c) Wie sollte sich die pflegerische Kommunikation und der Umgang mit Sterbenden Ihrer Meinung nach gestalten? Stellen Sie Ihre Ergebnisse der Klasse/Gruppe vor.

d) Geben Sie einen Überblick über pflegerische Maßnahmen bei der Versorgung der Toten.

23 Assistenz bei der Diagnostik

1 Welche Begriffe sind im Wortsuchrätsel versteckt? Markieren Sie diese farbig.

G	R	I	O	U	Ö	C	F	E	L	M	N	U	I	W	Q	A	S
X	P	U	L	S	I	O	F	D	B	Ü	F	J	U	C	X	Y	G
T	A	Z	J	U	B	M	E	R	E	N	M	G	V	C	B	P	B
K	L	J	U	I	Z	P	E	R	K	U	S	S	I	O	N	Ä	B
U	P	L	K	I	O	U	L	M	T	Y	A	T	R	W	F	G	L
J	A	Z	T	M	R	T	B	I	B	O	P	L	H	U	L	B	U
E	T	A	M	U	R	E	E	G	D	L	P	C	U	M	Ä	O	T
D	I	T	Ö	Z	J	R	P	O	A	A	Q	X	Y	V	S	F	D
I	O	X	B	L	U	T	B	I	L	D	A	W	S	S	H	Y	R
A	N	P	U	Z	F	O	E	E	L	P	E	S	O	K	C	K	U
G	N	M	N	H	G	M	F	V	E	H	K	J	N	S	E	L	C
N	I	C	L	A	B	O	R	D	I	A	G	N	O	S	T	I	K
O	R	W	X	K	O	G	M	G	L	A	W	Q	G	C	T	Z	J
S	T	R	A	G	I	R	U	I	Ö	P	M	Ä	R	F	C	E	T
E	E	N	J	U	O	A	P	D	N	R	B	V	A	S	M	E	R
T	R	G	Z	I	K	F	M	N	H	H	F	A	F	E	B	B	K
A	P	U	N	K	T	I	O	N	B	U	C	G	I	L	U	Z	A
R	T	Ü	R	T	A	E	B	A	N	A	M	N	E	S	E	M	J

2 Erst die richtige Diagnose ermöglicht es dem Arzt, die notwendige Therapie einzuleiten. Für die Diagnosestellung, muss der Arzt nachfolgende Schritte beachten. Erläutern Sie die Handlungsschritte und nehmen Sie wenn möglich Bezug auf Herrn Müller.

Herr Müller, 72 Jahre alt, erzählt seinem Hausarzt „Ich fühle mich immer so schwach und müde. Ich schaffe es kaum noch rauf in den dritten Stock, in meine Wohnung. Immer wieder muss ich stehen bleiben und verschnaufen. Ich weiß gar nicht, was mit mir los ist!"

Zur Anamnese gehören:

Zur körperlichen Untersuchung gehören:

Zur apparativen Diagnostik gehören:

Zur Labordiagnostik gehören:

Diagnose:

Therapie:

3 Welche apparativen Diagnoseverfahren werden hier beschrieben?
Sortieren Sie die unten stehenden Begriffe richtig zu.

Endoskopie, Sonografie, Röntgen, Szintigrafie, Magnetresonanztomografie, Elektrokardiogramm

Bildgebendes Verfahren	Beschreibung
	zeichnet die elektrischen Vorgänge am Herzen auf und gibt Auskunft über Störungen der Erregungsbildung oder -leitung am Herzen
	Die Schallwellen dringen in den Körper ein und werden von den verschiedenen Geweben unterschiedlich reflektiert. Sie dient der Diagnostik der inneren Organe, z. B. Gallensteine oder Zysten.
	ist ein Verfahren, bei dem ein Magnetfeld den Körper durchdringt. Dieses Verfahren kommt ohne radioaktive Strahlen aus.
	ist ein weitverbreitetes bildgebendes Verfahren. Hochenergetische Strahlen durchdringen eine Körperregion, wobei Strukturen, welche die Strahlen stark aufnehmen, auf dem Bild sehr hell erscheinen, z. B. Knochen, und schwach aufnehmende Strukturen eher dunkel.
	Hier können natürliche Körperhöhlen, Kanäle, Körperöffnungen oder Gänge ohne große Eingriffe direkt inspiziert werden.
	Radioaktive Stoffe reichern sich im Zielorgan an und die abgegebene Strahlung wird von einem Scanner erfasst und in ein Bild umgewandelt.

4 Welche Strukturen/Organe werden in den nachfolgenden Endoskopien untersucht?

Gastroskopie:	
Rektoskopie:	
Koloskopie:	
Bronchoskopie:	
Zystoskopie:	
Arthroskopie:	

24 An therapeutischen Maßnahmen mitwirken

24.1 Rechtliche Grundlagen

1 Füllen Sie die Lücken im Text mit den darüber stehenden Begriffen aus.

Durchführungsverantwortung, Entscheidungsbefugnis, delegierbar sein, Körperverletzung, Patienten, Einwilligung, medizinische, einverstanden und befähigt, therapeutischen, Aufgabenbereich, pflegerische, pflegerischen

Grundsätzlich liegt die ______________________ über eine Behandlung immer beim ______________________. Jeder ______________________ und ______________________ Eingriff stellt eine ______________________ nach §§ 223 StGB und Art. 2 GG, Abs.2 dar. Somit geht jeder ______________________, präventiven und ______________________ Maßnahme die ______________________ des Patienten voraus.

Übernimmt die Pflegeperson die Durchführung einer pflegerischen oder therapeutischen Maßnahme, so trägt sie auch die Verantwortung für die fachlich korrekte Durchführung. Diese Verantwortung nennt man ______________________.

Nicht alle therapeutischen Maßnahmen können an das Pflegepersonal delegiert werden. Grundsätzlich muss die therapeutische Maßnahme ______________________, also nicht in den ______________________ des Arztes fallen, der Patient muss dem zustimmen und auch die Pflegeperson muss ______________________ ______________________ sein, um die therapeutische Maßnahme durchzuführen.

2 Behandlungsmaßnahmen und Pflegehandlungen berühren u. a. nachstehende Verordnungen und Gesetze. Welchen Inhalt haben Sie?

Gesetz	Inhalt
Infektionsschutzgesetz 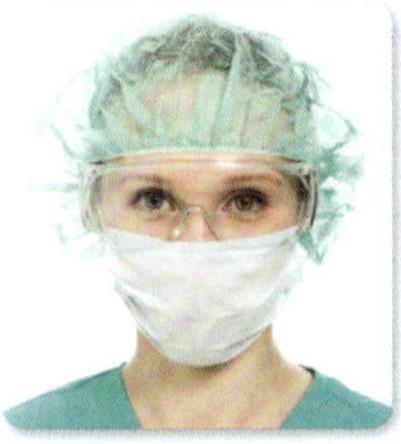	
Arzneimittelgesetz 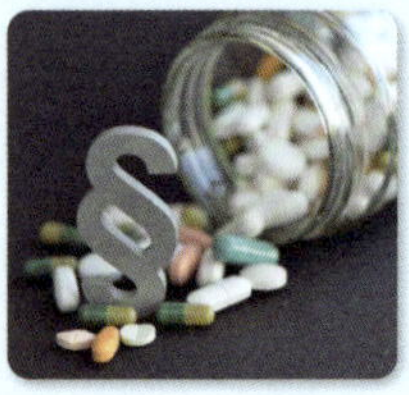	

Gesetz	Inhalt
Medizinproduktegesetz 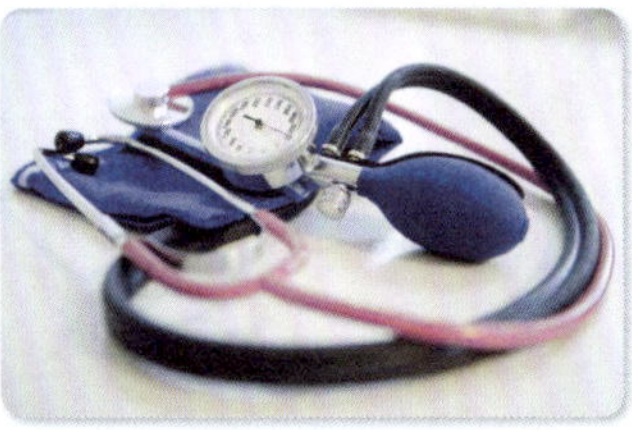	
Betäubungsmittelgesetz 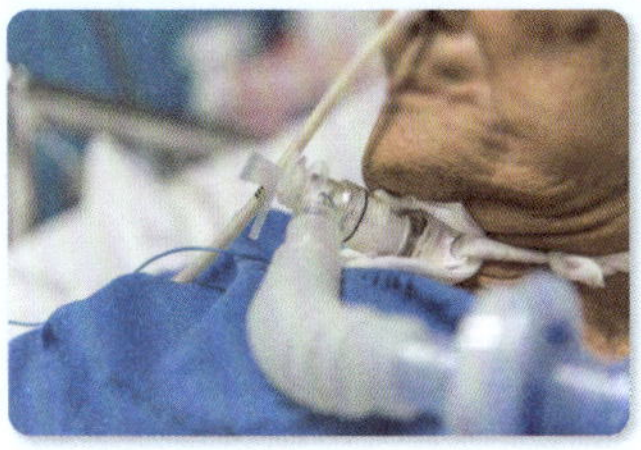	

24.2 Umgang mit Arzneimitteln und Applikationsformen

Bei den Arzneimitteln unterscheidet man verschiedene Arzneimittel- und Applikationsformen. In der unteren Tabelle finden Sie einen Auszug. Ergänzen Sie die Lücken und ordnen Sie die entsprechende Applikationsform zu.

Arzneimittelform	Beschreibung/Definition	Applikationsform
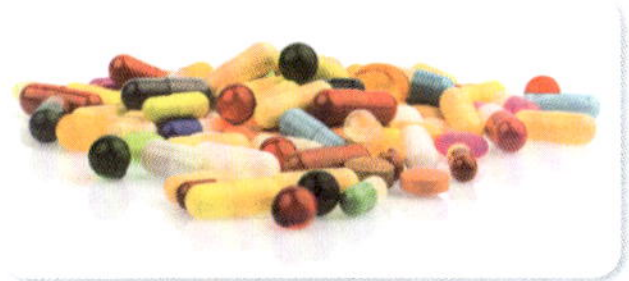	fest gepresstes Pulver, oft teilbar	
Tee 		
	bestehen aus einer geformten Fettgrundlage, in welche der Wirkstoff eingearbeitet ist	
Dragees		

24.2 Umgang mit Arzneimitteln und Applikationsformen

Arzneimittelform	Beschreibung/Definition	Applikationsform
	Lösungen, in denen der Wirkstoff in Wasser oder Alkohol gelöst ist	
Infusionen		
	eine relativ feste Masse mit hohem Puderanteil, lässt sich schlecht verteilen	cutan
Salben 		cutan
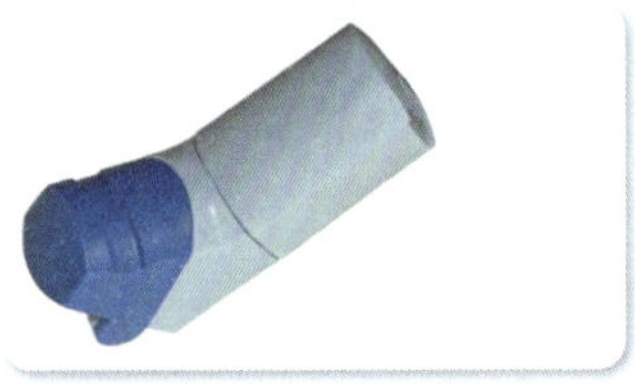	enthalten den Wirkstoff in fester (Pulver) oder flüssiger (Lösung) Form in einem Gas und werden eingeatmet	
Implantate 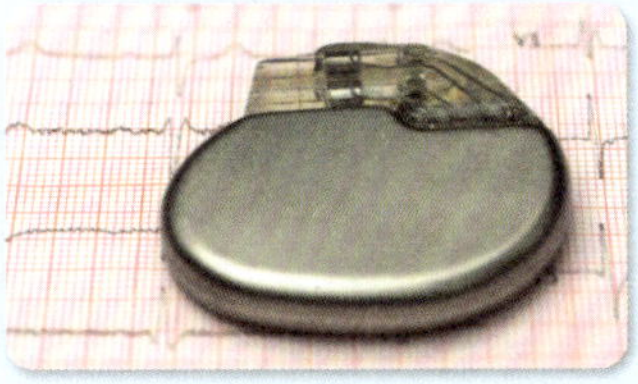		

2 Bei der Gabe von Medikamenten ist die 6-R-Regel wichtig, um Komplikationen bei der Verabreichung und Einnahme zu vermeiden. Worauf muss die Pflegeperson achten?

R

R

R

R

R

R

3 Arzneimittel können je nach Zubereitungsform auf unterschiedliche Weise verabreicht werden. Ergänzen Sie den Lückentext anhand des vorgegebenen Beispiels.

Applikationsort: in den Mund
Applikationsart: oral
Zubereitungsform: Tablette, Kapsel, Dragee, Lösung

Applikationsort: ______
Applikationsart: subcutan
Zubereitungsform: ______

Applikationsort: auf die Haut
Applikationsart: ______
Zubereitungsform: ______

Applikationsort: ______
Applikationsart: ______
Zubereitungsform: Aerosol, Spray, Dampf

Applikationsort: unter die Zunge
Applikationsart: ______
Zubereitungsform: ______

Applikationsort: ______
Applikationsart: rektal
Zubereitungsform: ______

Applikationsort: ______
Applikationsart: ______
Zubereitungsform: Salbe, Zäpfchen

24.2 Umgang mit Arzneimitteln und Applikationsformen

4 Benennen Sie die entsprechenden Injektionsorte und Injektionsarten in der abgebildeten Zeichnung.

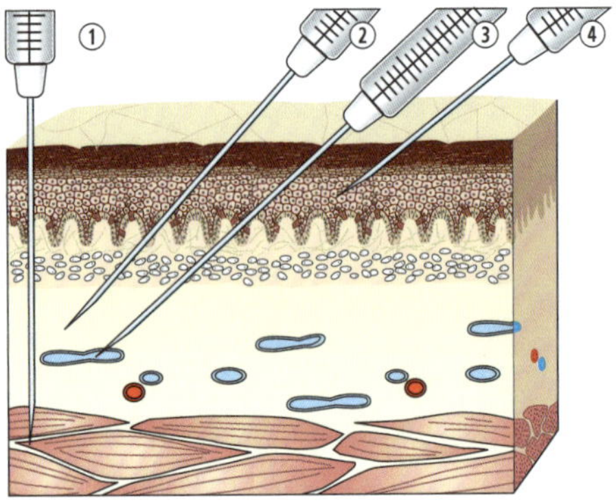

1) ______________________

2) ______________________

3) ______________________

4) ______________________

5 Woran muss eine Pflegeperson bei der Vorbereitung und Durchführung einer Injektion denken? Vervollständigen Sie die Gedankenwolken der Pflegeperson.

Material vorbereiten:
- sterile Einmalspritze, Injektionslösung, ggf. Überleitungskanüle, sterile Kanüle zum Aufziehen, sterile Kanüle für Injektion, sterile Tupfer, Stechabwurfbehälter, Abwurf für Restmüll, Einmalhandschuhe, Pflasterstreifen, Desinfektionsmittel für Hände und Einstichstelle, Spritzentablett

Arbeitsplatz vorbereiten:

____

____

____

____

____

____

Patientin vorbereiten:

____

____

____

____

____

____

Nachbereitung und Nachsorge:

____

____

____

____

____

____

Injektion durchführen:

____

____

____

____

____

____

6 Nennen Sie mögliche Indikationen für eine Infusionstherapie.

7 Berechnen Sie die Infusionsgeschwindigkeit anhand der Berechnungsformel.

$\frac{\text{Infusionsmenge in ml} \cdot \text{20 Tropfen/ml}}{\text{Infusionsdauer in Stunden} \cdot \text{60 Min./Std.}}$	$= \frac{\text{Gesamttropfenzahl}}{\text{Infusionsdauer in Minuten}}$	= Tropfen pro Minute
Beispielrechnung: 500 ml Infusionslösung sollen in 6 Stunden infundiert werden.		
$\frac{\text{500 ml} \cdot \text{20 Tropfen/ml}}{\text{6 Std.} \cdot \text{60 Min./Std.}}$	$= \frac{\text{10 000 Tropfen}}{\text{360 Min.}}$	= 27,7 7 Tropfen Min.
$\frac{\text{60 Sek./Min.}}{\text{27,77 Tropfen /Min.}}$	= 2,16 Sek./Tropfen	Ungefähr alle 2 Sekunden muss ein Tropfen fallen.

a) 1000 ml Infusionslösung soll innerhalb von 10 Stunden infundiert werden.
Berechnen Sie die Tropfgeschwindigkeit.

b) 250 ml Infusionslösung soll innerhalb von 2 Stunden infundiert werden. Berechnen Sie die Tropfgeschwindigkeit.

24.2 Umgang mit Arzneimitteln und Applikationsformen

8 Worauf haben Sie im Rahmen einer Infusionstherapie zu achten?
Ordnen Sie den Schwerpunkten Pflege- und Beobachtungskriterien zu.

Beobachtung des Patienten:

Beobachtung der Einstichstelle und Infusion:

Beobachtung und Kontrolle der Infusionslösung:

24.3 Wunden und Verbände

1 Die physiologische Wundheilung verläuft in unterschiedlichen Phasen.
Sortieren Sie die aufgeführten Phasen zu den richtigen Inhalten.

(...) Einwandern von Abwehrzellen, Abbau von Gewebetrümmern, Keimen und Fremdkörpern

(...) Bildung von Granulationsgewebe, Neubildung von Gefäßen, Narbenbildung

(...) Engstellung der Gefäße

(...) Entzündungsreaktion, ausgelöst durch Gefäßerweiterung und Erhöhung der Durchblutung im betroffenen Gewebe

(...) Ausspülen von Keimen oder Fremdkörpern aus der Wunde

(...) Bildung eines Wundödems, Rötung, Schmerzen und Überwärmung

(...) Aktivierung der Gerinnungskaskade, Freisetzung von Thrombozyten, Gerinnungsfaktoren, Fibrinbildung, Verklebung und Verschluss der Wunde (Schorf)

(...) Remodellierung und Abbau des Narbengewebes, Anpassung an das Ursprungsgewebe, Narben verblassen

Verlauf	Wundheilungsphase	Was passiert
1	Blutstillungsphase	
2	Reinigungsphase	

Verlauf	Wundheilungs-phase	Was passiert
3	Proliferations-phase	
4	Differenzie-rungsphase	

2 Die Wundheilung kann durch unterschiedliche Faktoren gestört sein. Sortieren Sie den Gliederungspunkten (Faktoren) die entsprechenden Ursachen für eine Wundheilungsstörung zu.

a) Lokale Faktoren, die die Wundheilung stören, können sein:

b) Innere oder systemische Faktoren, die die Wundheilung stören, können sein:

3 Zu den Grundlagen einer erfolgreichen Wundversorgung gehört ein effizientes Wundmanagement. Dieses wird insbesondere bei chronischen oder sekundär heilenden Wunden erforderlich. Nennen Sie die Maßnahmen eines erfolgreichen Wundmanagements und einer Wunddokumentation.

a) Maßnahmen des Wundmanagements:

b) Maßnahmen zur Wunddokumentation:

4 In der unteren Abbildung sehen Sie die hygienischen Prinzipien bei der Wundreinigung und Desinfektion einer septischen und aseptischen Wunde. Ordnen Sie die Begriffe „septische Wunde" und „aseptische Wunde" richtig zu und beschreiben Sie die Vorgehensweise bei der Wundreinigung.

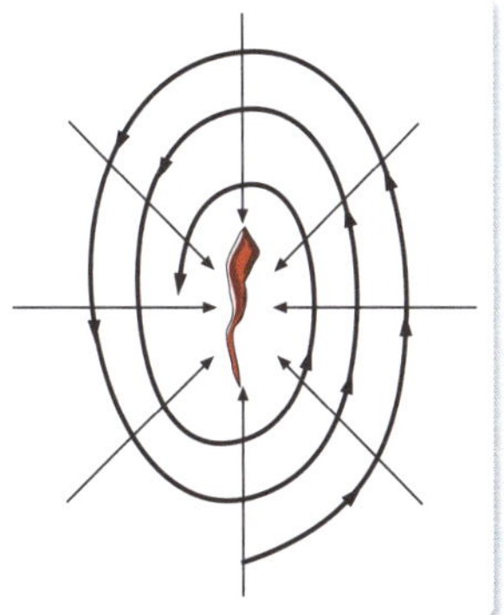

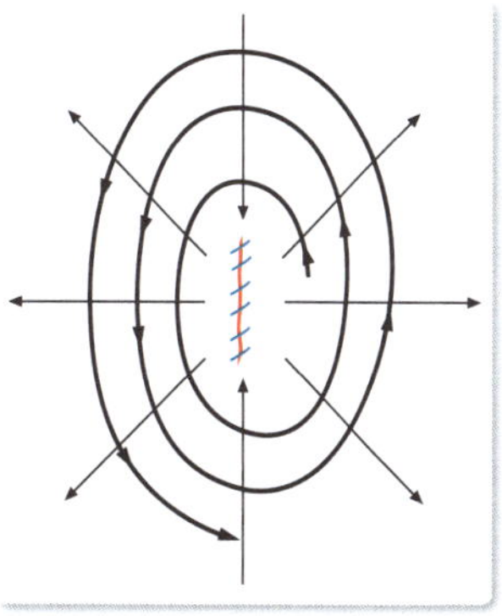

24.3 Wunden und Verbände

5 Kennzeichnen Sie in der unteren Abbildung den sterilen Bereich mit Rot und den unsterilen Bereich mit Blau. Begründen Sie die Trennung in diese Bereiche und erläutern Sie in diesem Zusammenhang die „Non-Touch-Methode“

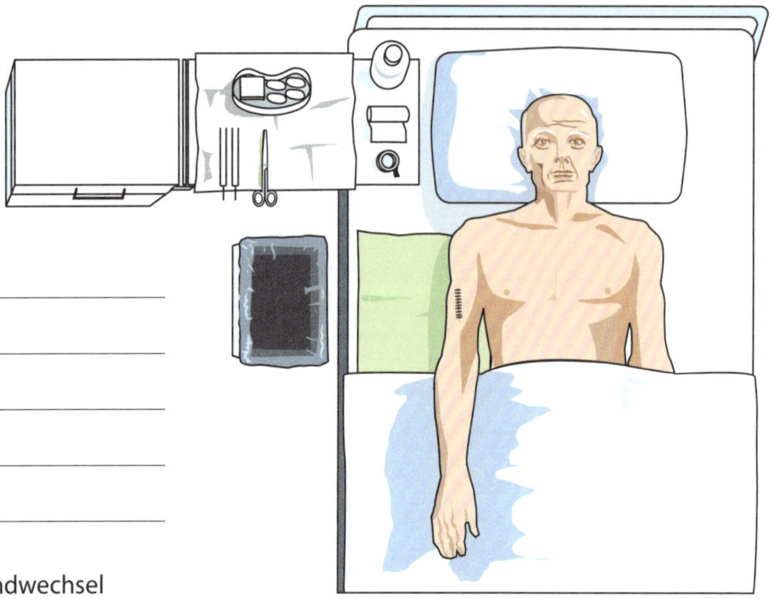

Einrichten eines Arbeitsplatzes für den Verbandwechsel

Non-Touch-Methode:

6 Nennen Sie die möglichen Funktionen eines Verbands und beschreiben Sie die einzelnen Ziele näher.

24.4 Sonden und Drainagen

1 Vervollständigen Sie den Lückentext mithilfe der unten stehenden Begriffe.

Sonde, pathologischen Hohlräumen, natürliche Hohlorgane, Entleeren, diagnostischen, Instrument, Drainage, Drainage, Geräte, medizinische Maßnahme, Gasansammlungen

Eine ______________ ist ein stabförmiges oder röhrenförmiges starres oder elastisches ____________________ aus Metall oder Kunststoff zum Einführen in ______________________________ zu ______________________ oder therapeutischen Zwecken, zum Austasten, Aufspüren und ____________________ von ________________ ________________________.

________________ bezeichnet zunächst eine ____, nämlich das Ableiten oder Absaugen von krankheitsbedingten Flüssigkeits- und ____________________________________ oder Organsekreten. Mit ____________________ werden aber auch die __________________ bezeichnet, die für diesen Vorgang benutzt werden.

2 Die Abbildungen zeigen Möglichkeiten der Platzierung von Ernährungssonden auf. Geben Sie die Lage bzw. Art der Sonde an.

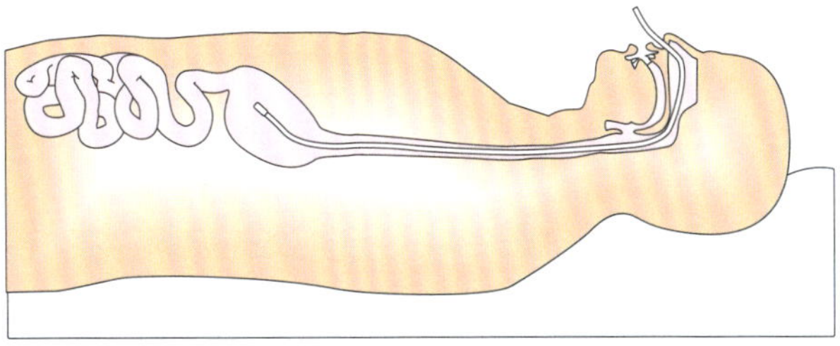

____

____

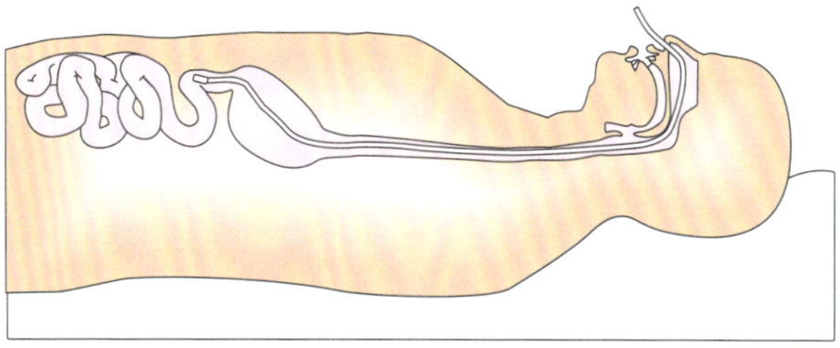

____

____

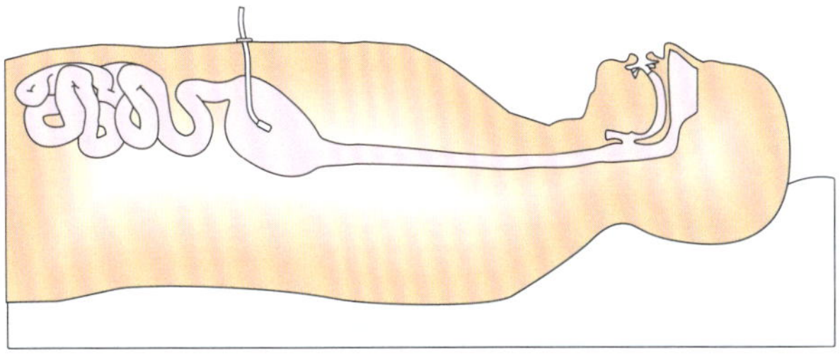

____

____

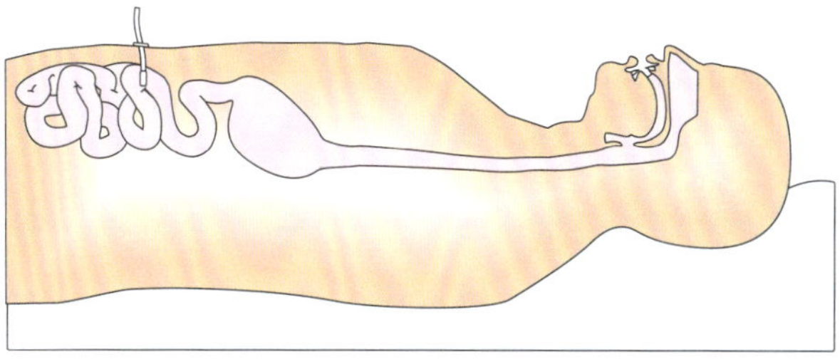

____

____

24.4 Sonden und Drainagen

3 Klären Sie nachfolgende Fragen zum Thema „Katheter und Katheterpflege".

a) Welche Arten von Blasenkathetern gibt es und wann werden diese eingesetzt?

b) Welche potenziellen pflegerischen Probleme können bei liegendem Blasenkatheter auftreten?

4 Beschreiben Sie den Ablauf der Katheter- und Intimpflege bei einer Frau schrittweise mithilfe der unteren Gliederungspunkte.

Vorbereitung:

Benötigte Materialien:

Durchführung:

Beobachtungsschwerpunkte:

Nachbereitung:

24.5 Prä- und postoperative Pflege

1 Alle Maßnahmen der präoperativen Pflege dienen der Vorbereitung des Patienten auf die Operation. Woran muss die Pflegeperson denken? Füllen Sie die Gedankenwolken aus.

Am Vorabend der Operation:

Am Tag der Operation:

Vor der Operation:

2 Bevor eine Person nach einer Operation aus dem Aufwachraum abgeholt wird, muss ihr Zimmer vorbereitet werden. Welche Vorbereitungsmaßnahmen können Sie treffen? Füllen Sie die Gedankenwolken aus.

25 Notfallmanagement in der Pflege

1 Nennen Sie die Ursachen der unten aufgeführten Schockformen.

Schockform	Ursache
Hypoglykämischer Schock	
Anaphylaktischer Schock	
Hypovolämischer Schock	
Kardiogener Schock	
Neurogener Schock	

2 Nennen Sie mögliche Ursachen, mögliche Leitsymptome und Maßnahmen der Ersten Hilfe bei Verdacht auf einen Herzinfarkt.

Mögliche Ursachen:

Mögliche Leitsymptome:

Maßnahmen der Ersten Hilfe:

3 Beschreiben Sie den Ablauf einer Hilfeleistung am Beispiel „Bewusstlose Person“. Füllen Sie hierfür die Lücken im Ablaufschema aus.

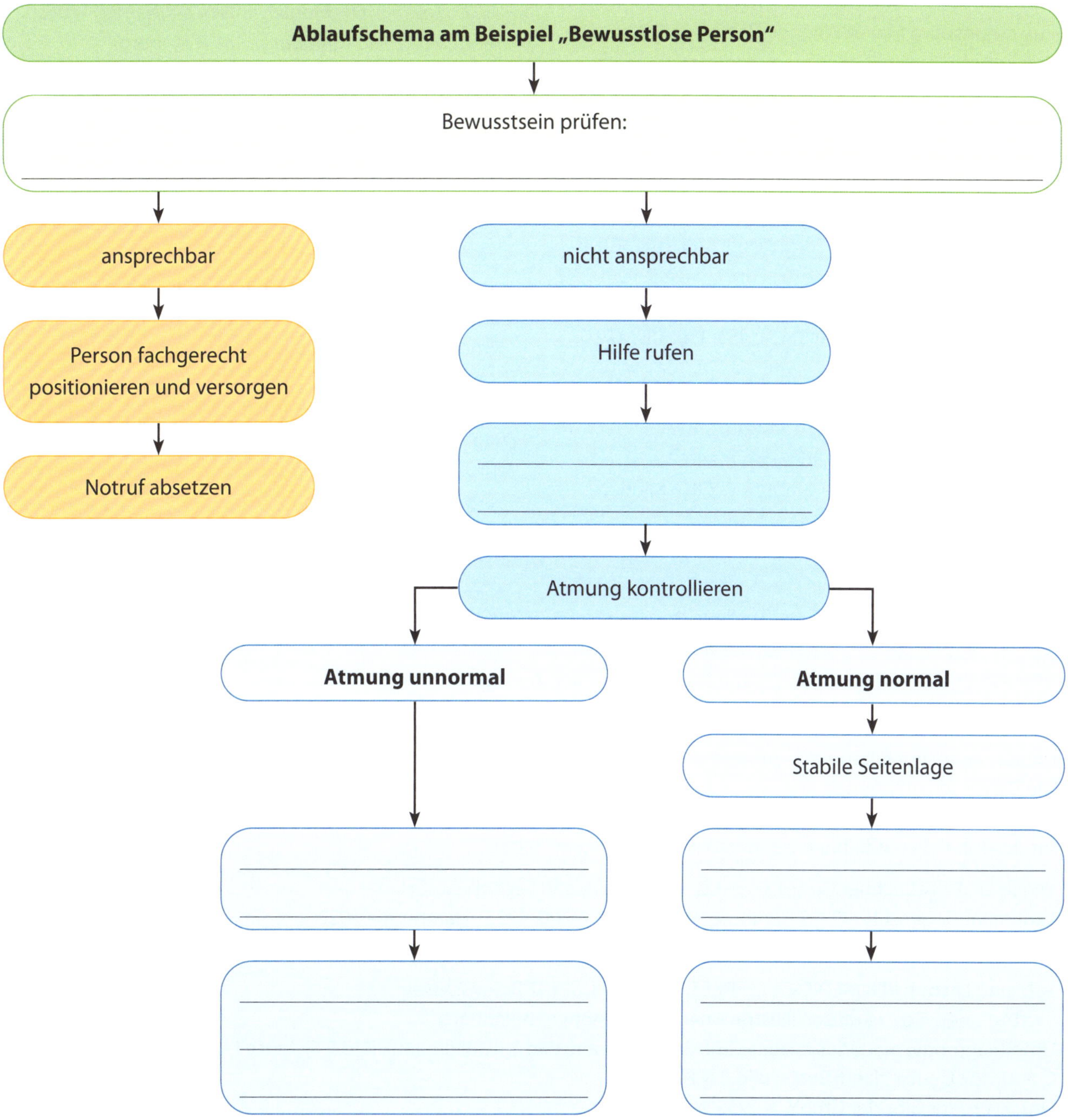

Bildquellenverzeichnis

123RF GmbH, Nidderau: S. 19 (norwayblue); 28/1 (Alexander Raths); 28/8 (Chatchawin Jampapha); 166/1 (Sergey Khamidulin)
Deutsche Herzstiftung e. V., Frankfurt am Main: S. 43; 44; 47
dpa-Picture-Alliance GmbH, Frankfurt am Main: S. 155 (Stefan Puchner/dpa)
Dr. med. Nils Kneißel, Facharzt für Chirurgie und Geschäftsführer von klinikfinder.de: S. 27
F1online digitale Bildagentur GmbH, Frankfurt am Main: S. 88 (Ulrich Niehoff/Imagebroker)
Gemeinsamer Bundesausschuss (G-BA), Berlin: S. 83/6
Getty Images Deutschland, München: S. 11/2 (Gamma-Rapho)
Grafische Produktion Neumann, Rimpar: 105
Illustrationsbüro Müller-Wegner, Hamburg: S. 123
iStockphoto, Berlin: S. 28/4 (mammamaart); 28/5 (JodiJacobson); 77/ 2 (Deagreez); 167/4 (letty17); 168/1 (gzaleckas)
iuvas medical GmbH, Freiburg: S. 57/4
Kramer, Angelika, Stuttgart: S. 97/1; 135; 136; 138;
Krausen, Scott, Mönchengladbach: S. 9/1; 9/2; 24/1; 24/2; 26; 30; 45; 46; 48; 56/1; 59; 60; 61/1; 61/2; 61/3; 66; 67/1; 67/3; 67/4; 68; 69; 73; 78; 81/1; 89; 91; 96; 97/2; 97/3; 101; 107; 108; 125; 126; 128; 131; 133; 139/2; 141; 143; 144; 145; 146; 147; 150; 151; 153; 156; 157; 170/1; 175; 176; 177
Krüper, Werner, Fotografie, Steinhagen: S. 62
mauritius images GmbH, Mittenwald: S. 83/1 (Uwe Grötzner); 87/1 (André Pöhlmann)
Ornamin-Kunststoffwerke GmbH & Co. KG, Minden: S. 56/3; 57/2; 57/3; 57/5
Pit Hammann artwork, Frankfurt am Main: S. 11/1
Shutterstock Images LLC, New York, USA: S. 3 (Martin Valigursky); 12 (Bobex-73); 13 (Yevhen Prozhyrko); 14/1 (Vaclav Volrab); 14/2 (Waddell Images); 24/3 (Maggie 1); 24/4 (Markus_272); 24/5 (terekhov igor); 24/6 (maidah_maha); 39 (Gordana Simic); 51 (Brenda Carson); 63 (Monkey Business Images); 64/(Monkey Business Images); 67/2 (Panda Vector); 74/1 (Africa Studio); 74/2 (Andrey_Popov); 74/3 (India Picture); 74/4 (Mathias Richter); 74/ 5 (Foxxy63); 74/6 (Monika Wisniewska); 74/7 (EasterBunny); 75 (Monkey Business Images); 76/1 (Hampus design); 77/1 (Lipik Stock Media); 77/ 4 (Lipik Stock Media); 77/ 5 (Mladen Mitrinovic); 83/ 5 (ESB Professional); 84 (Mikhail Tchkheidze); 139/1 (MakroBetz); 159 (Cineberg); 160 (Cineberg); 162 (Rustle); 167/2 (PongMoji); 167/5 (g215); 169 (Monkey Business Images); 170/2 (Cineberg); 180 (Cineberg); 181 (Cineberg)
stock.adobe.com: S. 28/2 (Kathrin39); 28/3 (stokkete); 28/6 (fredredhat); 65/a (Alexander Raths); 65/b (by-studio); 74/8 (Tyler Olson); 74/9 (Martina Osmy); 77/3 (Marina); 81/2 (Uwe Grötzner); 83/2 (Rafael Ben-Ari); 83/3 (Paul Hakimata); 83/4 (Andrey Popov); 86 (id-foto.de); 127 (Anthonycz); 166/2 (nmann77); 167/1 (Doris Heinrichs); 167/3 (Gina Sanders); 168/2 (philip kinsey)
thinkstock, München: S. 28/7 (PobladuraFCG); 163 (monkeybusinessimages); 168/3 (bdspn)
Thomas Hilfen für Körperbehinderte GmbH & Co. Medico KG, Bremervoerde: S. 56/2; 57/1
Wiegand AG, Bülach, Schweiz: S. 168/4
yourphototoday, Ducke & Willmann GbR, Ottobrunn: S. 87/2 (bsip)

ISBN 978-3-582-523419
Best.-Nr. 46711
Arbeitsheft – 2. Auflage

ISBN 978-3-582-40147-2
Best.-Nr. 46713
eLöser mit Lösungen – II/2. Auflage

Verlag Dr. Felix Büchner GmbH & Co. KG – Handwerk und Technik GmbH,
Lademannbogen 135, 22339 Hamburg; Postfach 63 05 00, 22331 Hamburg – 2022
E-Mail: info@handwerk-technik.de – Internet: www.handwerk-technik.de

Satz und Layout: PER MEDIEN & MARKETING GmbH, 38102 Braunschweig
Illustrationen: Scott Krausen Illustrationen, 41239 Mönchengladbach
Umschlagmotiv: mauritius images GmbH, Mittenwald: Bild 1 (P. Widmann); Bild 2 (Science Photo Library)
Colourbox Deutschland, Berlin: Bild 3 (Kzenon)
Druck: Brüder Glöckler GmbH, A-2752 Wöllersdorf